ullstein

Einundzwanzigmal ist SZ-Korrespondent Christian Zaschke in seinem Leben umgezogen, doch so wohl wie in Hell's Kitchen, einst einer der berüchtigsten Stadtteile New Yorks, hat er sich noch nirgends gefühlt. Das liegt nicht nur daran, dass Zaschke hier eine bescheidene Bleibe in einem ehemaligen Schwesternwohnheim gefunden hat, in der sein auffallend schwarzes Bürotelefon bisweilen klingelt und Freund V., der Fremdenführer, dran ist und Ausflüge nicht vorschlägt, sondern befiehlt. Es liegt auch daran, dass hier Menschen leben wie Tracy Westmoreland, ein Nachbar mit der Statur eines Grizzlys, der ihm ebenso zuverlässig wie donnernd »Hals- und Beinbruch« wünscht und das jedes Mal unbedingt wörtlich meint. Oder Robert mit den Zitterhänden, der traurige Friseur, der jeden Haarschopf (und nicht selten Zaschkes) in eine abstrakte Skulptur verwandelt. Hell's Kitchen ist ein magischer Ort voller magischer Menschen. Die Art und Weise, auf die Christian Zaschke davon erzählt, bringt Witz und Wärme in die Welt.

»Zaschkes Kolumnen *Hell's Kitchen* gehören zu den schönsten Texten, die in deutscher Sprache über die Stadt New York zu lesen sind.«
ANDREAS BERNARD

»Christian Zaschke besitzt die Fähigkeit mit wenigen liebevollen Strichen eine ganze Stadt zu zeichnen, und sollte es in den melancholischen Straßen dann regnen, lässt er am Ende immer nochmal die Sonne aufgehen.«
SIMONE BUCHHOLZ

»Seit ich einige Abende auf Christian Zaschkes Balkon in Hell's Kitchen verbracht habe, weiß ich, dass er einen besonderen Blick auf diese Stadt hat. An einem Ort, an dem jeder nur das Bombastische sieht, erkennt Zaschke die Zärtlichkeit im Kleinen.«
PHILIPP OEHMKE

CHRISTIAN ZASCHKE, Jahrgang 1971, ist seit vielen Jahren New-York-Korrespondent der *Süddeutschen Zeitung*. Davor berichtete er über London für die Zeitung und verfasste mehrere SPIEGEL-Bestseller, u. a. *Ein Mann, ein Buch* und *Fußball unser*.

Christian Zaschke

HELL'S KITCHEN

Storys aus Manhattan

Ullstein

Besuchen Sie uns im Internet:
www.ullstein.de

MIX
Papier
FSC FSC® C014496

Originalausgabe im Ullstein Taschenbuch
2. Auflage 2022
1. Auflage September 2022

Umschlaggestaltung: zero-media.net, München
Titelabbildung: © Jamey Christoph
Satz: LVD GmbH, Berlin
Gesetzt aus der Scala OT
Druck und Bindearbeiten: GGP Media GmbH, Pößneck
ISBN 978-3-548-06719-3

VORWORT

Ich muss etwas gestehen: Lange hielt ich es mit meinem Londoner Freund G., der einmal, während wir im Wolseley in Mayfair ein frühes Dinner einnahmen, so gegen 17.00 Uhr, leicht despektierlich sagte: »Warum soll ich mich acht Stunden lang in ein Flugzeug setzen, um von einer englischsprachigen Stadt mit 8,5 Millionen Einwohnern in eine andere englischsprachige Stadt mit 8,5 Millionen Einwohnern zu fliegen?« Zumal, wie er ausführte, die in der anderen Stadt auch noch amerikanisches Englisch sprächen. G. war noch niemals in New York.

Das Wolseley ist ein aufgedonnerter Angeberladen. Bitte nicht falsch verstehen, es ist unfassbar toll, es ist unfassbar britisch, und man kann da wunderbar sitzen und essen und sein. Aber wir kommen vom Thema ab, und, wie Sie auf den folgenden Seiten bemerken werden: Das kommen wir eigentlich immer.

Einmal trug es sich zu, dass ich auf einer Dinnerparty im Londoner Stadtteil St. John's Wood saß. Neben mir kam eine wunderbare New Yorkerin namens Susi K. zu sitzen, die in Film machte und mich mit leichtem Amüsement betrachtete, als ich erzählte, dass ich ihre Heimatstadt noch nie besucht hatte. »Na dann«, sagte sie, und es sah alles danach aus, dass das Gespräch damit beendet sei, zumal die mir gegenübersitzende Frau über den Tisch rief: »Sie sehen auf verstörende Weise so aus wie mein ehemaliger Ehemann.«

»Ah«, sagte ich, »das tut mir leid.«

»Ach«, sagte sie, »scheiß drauf.«

Die Frau war Französin.

Sie erwies sich als wahnsinnig nett, und ihr früherer Ehemann, sagte sie, heiße Jean D. und sei ein berühmter und unverschämt gut aussehender Kerl. Ich mochte sie, man konnte heiter mit ihr plaudern, man konnte Witze über ihren Ex-Mann machen. Dann hatte ich Glück und kam erneut neben der wunderbaren Susi K. zu sitzen.

Sie fragte: »Hast du gerade die schöne Französin angeflirtet?«

Ich sagte: »Absolut nein.«

Sie sagte: »Mach, was du willst. Aber solltest du nicht dringend mal nach New York? Ich glaube, das ist exakt, was du jetzt tun musst.«

Ich zuckte mit den Schultern.

»Okay«, sagte Susi, »ich bin noch zehn Tage in Europa. Du kannst bis dahin meine New Yorker Wohnung haben. Mulberry Street. Downtown. Fünfter Stock. Kein Aufzug. Wenn ich zurückkomme, bist du raus.«

Ich schenkte ein wenig Weißwein für uns beide nach. Die Französin stand draußen auf der Terrasse und rauchte. Ich sehe kein bisschen aus wie ihr Ex-Mann. Ach was. Nein.

Susi fragte: »Christian?«

Ich sagte: »Ok.«

Am nächsten Tag buchte ich London nach New York, acht Stunden Flug, von einer 8,5-Millionen-Stadt in eine andere, mein erster Besuch. Der Rest ist diese Geschichte.

New York City, im Spätsommer 2022

RUDY'S

Viele Jahre hatte ich einigermaßen glücklich in London gelebt und im Wesentlichen über Pubs und Politik und dann über Bars und Brexit geschrieben, als eines Tages das Telefon klingelte. Die Zentralredaktion in München war dran und beschied, dass ich bitte meine Sachen packen solle, um nach New York zu ziehen. Da ich seit jeher ein in vielerlei Hinsicht mustergültiger Angestellter bin, packte ich meine Sachen und nahm mehr oder weniger am nächsten Tag das Schiff von Southampton nach New York.

Dort angekommen, mietete ich mich in einem ehemaligen Schwesternwohnheim im Stadtteil Hell's Kitchen ein. Hell's Kitchen liegt in Manhattan, links in der Mitte. Früher hat hier die irische Mafia regiert, heute regiert hier niemand mehr. Außer vielleicht Tracy Westmoreland, der sowohl seinen mächtigen Bart als auch den selbstverliehenen Titel »inoffizieller Botschafter von Hell's Kitchen« mit Stolz trägt und früher gern mit dem ehemaligen Koch Anthony Bourdain trank, der wiederum das exzellente Buch *Geständnisse eines Küchenchefs* geschrieben hat. Bourdain ist leider tot. Tracy Westmoreland hingegen lebt, und zwar im selben Apartmentblock wie ich.

Westmoreland hat 1996 die legendäre Bar Siberia in der U-Bahn-Station an der Kreuzung von 50th Street und Broadway eröffnet. Manche New Yorker bekommen heute noch feuchte Augen, wenn sie sich an die Siberia erinnern. Es war eine der schrottigsten Bars in ganz New York, in der die Gäste bis in die frühen Morgenstunden Schnaps tranken und sich schlecht benahmen. Bourdain hat den Ort einmal als Himmel bezeichnet. 2001 musste die Bar schließen. Sie machte dann ein paar Blocks weiter noch einmal auf, aber 2007 war endgültig Schluss. Seither arbeitet Westmoreland an einem Buch über den Laden, das vermutlich niemals fertig wird.

Außerdem arbeitet er als Türsteher im Rudy's, einer der schrottigsten Bars in ganz New York, in der die Gäste bis in die frühen Morgenstunden Schnaps trinken und sich schlecht benehmen. Westmoreland, ein Mann von der Statur eines ausgewachsenen Grizzlys, hat sehr freundlich gesagt, er werde mir die Beine brechen, falls ich jemals in die Zeitung schriebe, wo genau sich diese Bar befinde. Das werde ich natürlich niemals tun.

Jedenfalls war ich mit dem Schiff nach Amerika gereist, ich hatte die Wohnung gefunden und das Rudy's entdeckt (oder umgekehrt) und mich auch sonst nach einem Jahr allmählich eingelebt, als wieder das Telefon klingelte. Die Redaktion in München war dran. »Wir machen eine neue Kolumne aus New York«, tönte es aus dem Hörer, »und du schreibst sie. Einzige Vorgabe: Schreib bitte nicht wieder so viel über Bars.« Da ich seit jeher ein in vielerlei Hinsicht mustergültiger Angestellter bin, beschloss ich, diese Vorgabe gleich in der ersten Folge zu ignorieren.

NACH NANTUCKET

Von Hell's Kitchen, das in Manhattan links in der Mitte liegt, nach Nantucket, das in Massachusetts rechts oben vor der Küste im Atlantik liegt, kommt man so: Man steigt an der 50th Street in die U-Bahn-Station hinab und setzt sich in den E-Train. In diesem schaukelt man in einer guten halben Stunde zum Sutphin Boulevard, wo man in den Airtrain umsteigt, der an den Terminal am Flughafen JFK fährt. Das kostet 7,75 Dollar, also ungefähr so viel wie zwei Bier im Rudy's, einer exzellenten Schrottbar in Hell's Kitchen, von der aus verschiedenen Gründen nicht verraten werden kann, wo sie genau liegt.

Am Flughafen sucht man rund 20 Minuten den Terminal ab, bis man den bestens versteckten Schalter von Cape Air gefunden hat, an dem zwei freundliche Damen auf die Heerscharen von Passagieren warten, die Anfang Januar dringend nach Nantucket müssen.

Am Vortag der Reise war ich zum Mittagessen mit dem Kollegen O. im Restaurant Augustine in Downtown, das so aussieht, wie ein New Yorker Gastronom sich eine französische Brasserie vorstellt (also kein bisschen wie eine französische Brasserie). Man isst dort entweder Steak frites oder Moules frites. Beides absolut wunderbar. Ich aber hatte aus einer seltsamen Laune heraus das gegrillte Knochenmark bestellt. Das gegrillte Knochenmark schmeckte sehr knochenmarkig und hatte einen Nachgeschmack, der mich tagelang begleitete. »Machst du eigentlich immer noch dein Abnehmprogramm?«, fragte O., der ausnahmsweise einen leichten Salat aß. »Klar«, sagte ich, »allerdings nehme ich trotzdem weiter zu.« O. blickte auf die schwarz gebrannten, unterarmgroßen Knochen auf meinem Teller und nickte.

Am Schalter von Cape Air informierten mich die beiden freundlichen Damen darüber, dass die Reise nach Nantucket in einer achtsitzigen Cessna vonstattengehen werde. Da komme es auf jedes Pfund an, weshalb sie bitte meine Tasche wiegen wollten. Sie wogen meine Tasche.

Dann fragte eine der Damen beiläufig, wie viel ich wöge. Ich lächelte. »Im Ernst, wie viel wiegen Sie?«, fragte sie. »Das verrate ich Ihnen nicht«, sagte ich freundlich. Die Damen schauten auf meine massige Gestalt und nickten.

»Leider«, sagte eine von ihnen, »können Sie nicht mitfliegen, wenn wir Ihr Gewicht nicht kennen. Der Pilot muss exakt wissen, wie schwer die Maschine ist.« Ich seufzte und verriet mein Gewicht, fast wahrheitsgemäß, ich zog nur ein paar Kilo ab. »Wie viel ist das in Pfund?«, fragten die Damen. Zu meinem Telefon sagte ich: »Siri, wie viel ist das in Pfund?« Ich bilde mir ein, dass die Damen, als Siri mein Gewicht in Pfund angab, vor Schreck erbleichten.

Dass es der Pilotin später trotzdem gelang, die Cessna in den Himmel über New York zu wuchten, lag allein daran, dass ich im Augustine tags zuvor entgegen meiner Gewohnheit auf die Crème brûlée verzichtet hatte.

LEDER UND GELD

In dieser Woche habe ich, mehr oder weniger, mein komplettes Jahresgehalt an die amerikanischen Steuerbehörden überwiesen, was mich an den Tag denken ließ, an dem ich beschlossen hatte, den großen Steuerberaterroman zu verfassen und steinreich zu werden. Das wiederum hat viel damit zu tun, dass mein Vorgänger in New York gesagt hatte: »Das Erste, was du nach deinem Umzug bitte machst: Du gehst zu einem Steuerberater namens Braxton Moncure. Seine Kanzlei liegt in Alexandria, nicht weit von Washington.« Also zog ich um und fuhr als Erstes nach Alexandria zu Braxton Moncure.

Bevor ich nach New York zog, hatte ich in London gelebt, wo mein Steuerberater Jeffrey Altman hieß. Ich hatte ihn angerufen, und er sagte, wir könnten uns in der Nähe meiner Wohnung treffen, bei der es sich, dies sehr nebenbei, um ein zugiges Schmuckstück handelte, dessen Schlafzimmerfenster von einem unentfernbaren Vogelscheißfleck verziert wurde. Ich erwartete ihn weisungsgemäß an der U-Bahn-Station Belsize Park, von wo er mich zu einem Starbucks lotste. Obwohl es Dezember war, bestand er darauf, draußen zu sitzen.

Jeffrey trug zur Jeans eine knarzende Lederjacke, er warf einen gelangweilten Blick auf meine Unterlagen und sagte, das kriegten wir schon hin. Außerdem sagte er, dass dies unser einziges Treffen bleiben werde. Den Rest würden wir in den kommenden Jahren per Post und am Telefon erledigen.

Wenn John Grisham nicht fortwährend den großen Anwaltsroman schriebe, sondern sich mal der Steuerberater annähme, dachte ich damals, müsste Jeffrey immer die Hauptfigur sein. Außerdem dachte ich: Da John Grisham den großen Steuerberaterroman derzeit offenbar nicht schreibt, könnte ich das doch vielleicht übernehmen. Es blieb bei dem Gedanken.

Als ich viele Jahre später Braxton Moncure, der tatsächlich so heißt und auch so aussieht, in seiner Kanzlei gegenübersaß, die nach Leder und Geld roch, verstand ich, dass in meiner Steuerberaterroman-Fantasie immer ein Detail gefehlt hatte. Braxton spricht mit einem vornehmen, fast englisch klingenden Akzent. Meine Unterlagen drückte er einem Gehilfen in die Hand und ließ sich dann ein wenig von Großbritannien erzählen. Ob ich vielleicht Zeit hätte, abends mit auf einen Empfang im Weißen Haus zu kommen? Er sei da eingeladen.

Ich sah es genau vor mir: In meinem Steuerberaterroman würden Jeffrey Altman und Braxton Moncure zusammenarbeiten, und Jeffrey wäre für Braxton das, was der Privatdetektiv Matula für den jeweiligen Anwalt in der legendären Serie »Ein Fall für zwei« war. Ich sah riesige Auflagen, ich sah einen Hollywood-Film (oder immerhin eine ZDF-Serie), ich sah das große Geld.

Zugegeben, mein Konto ist seit dieser Woche leerer denn je, und ich habe noch immer keine einzige Zeile des großen Steuerberaterromans verfasst. Aber ein Anfang ist hiermit gemacht.

TRAURIGE MÄNNER, SCHÖNE FRAUEN

Eine der ewigen Fragen, die im Rudy's von den Stammtrinkern immer wieder diskutiert wird, ist die, ob Demi Moore damals wirklich auf dem Tresen getanzt hat. Manche sagen, sie hätten es noch genau vor Augen. Andere sagen, Demi Moore habe ein paar Drinks gekippt und angenehm dummes Zeug geredet, aber nicht auf dem Tresen getanzt. Wieder andere vertreten die Ansicht, Demi Moore habe den Laden nie betreten, und wenn das doch passiert wäre, hätte sie auf dem Absatz kehrtgemacht, weil das Rudy's nicht die Art von Bar sei, in die Hollywood-Stars auf einen Drink gingen.

Dass ich diese Bar gefunden habe, liegt nicht daran, dass Tracy Westmoreland, der bei mir im Haus wohnt (er würde sagen, dass ich bei ihm im Haus wohne), dort abends einen furchterregenden Türsteher gibt und, wenn er schlechte Laune hat, auch mich nach einem Altersnachweis fragt, obwohl ich einen Bart trage, in dem die grauen Haare nur noch knapp in der Minderheit sind. »Tracy«, sage ich in solchen Fällen, »ich wohne bei dir im Haus.« Er richtet sich dann auf wie ein Bär, der Gefahr für die Familie wittert, und brummt: »Altersnachweis.«

Ich hatte das Rudy's gefunden, weil ich nach meiner Ankunft in New York bei meinem Freund V. durchgeklingelt hatte, der hier seit 24 Jahren als Fremdenführer arbeitet. Wie es mit einer Willkommenstour nur für mich stünde? »Vergiss es«, knurrte er, »aber ich zeige dir was.« V. wohnt in Staten Island. Das »Staten« spricht man übrigens nicht »Stäyten« aus, sondern »Stätten«, mit scharfem S. Das komme aus der Zeit, als die Niederländer die Insel im 17. Jahrhundert besiedelten, sagt V. Er weiß alles über diese Stadt, und ich sage wirklich nicht, dass das ein Problem wäre, aber er weiß, dass er alles über diese Stadt weiß.

V. gab mir eine Adresse. »Da treffen wir uns«, beschied er, »19 Uhr. Musst nicht pünktlich sein.« Als ich das Rudy's um 18.55 Uhr betrat, erfuhr ich, dass man zu jedem Getränk, wenn man denn will, einen Hotdog umsonst dazubekommt, weshalb der Tresen natürlich von traurigen Männern und schönen Frauen bevölkert war.

Im letzten Juni war die Schauspielerin Cynthia Nixon im Rudy's. Sie hat einst in der Serie »Sex and the City« mitgespielt und machte jetzt Wahlkampf, weil sie Gouverneurin von New York werden wollte. Das wurde nichts, aber bei jenem Besuch plauderte sie kurz mit Tracy, der sie ohne Altersnachweis reingelassen hatte. Sie schaute auf die traurigen Männer und die schönen Frauen am Tresen, sie sprach ein paar Sätze, dann ging sie wieder. Seither ist eine der ewigen Fragen, die im Rudy's von den Stammtrinkern diskutiert wird, ob Cynthia Nixon damals wirklich auf dem Tresen getanzt hat.

HERZ AUSGEDEHNT, GEMÜT ERHEITERT

Immer wenn ich ausnahmsweise ein wenig melancholisch gestimmt bin oder, wie Herman Melville sagen würde, ein nieselnder November in die Seele einzieht, verlasse ich Hell's Kitchen, wo ich in einem ehemaligen Schwesternwohnheim im 17. Stock eine bescheidene Bleibe gefunden habe, und fahre runter an die Südspitze Manhattans. Dort schaue ich auf den Hudson River und hinüber zur Freiheitsstatue. Das funktioniert immer.

Es ist ein Blick, der das Herz ausdehnt und das Gemüt erheitert, und wenn man sich schon mal in der Gegend befindet, empfiehlt es sich, im Pier A Harbor House ein Dutzend Austern zu essen und diese, falls die Tageszeit es schon erlaubt, mit einem Guinness herunterzuspülen.

Mein Freund V., der Fremdenführer, trinkt recht gern Guinness, allerdings nie im Pier A, weil ein Pint da acht Dollar kostet. Wenn er sich schon mal in der Gegend befindet, was jeden Tag der Fall ist, weil er auf Staten Island wohnt und die Fähre in der Nähe ablegt, verfügt er sich in die White Horse Tavern, wo ein gutes Bier für fünf Dollar zu haben ist und ein Budweiser für drei. Ganz gleich, wo er vorher war: Allabendlich wappnet er sich für die Heimreise auf dem Boot in der White Horse Tavern, und da er das seit zwei Dekaden so hält, kennt man ihn dort.

Einer uralten Weisheit zufolge reist Guinness nicht gut, was bedeuten soll, dass es in Irland besser schmeckt als irgendwo sonst. In der White Horse Tavern zapfen sie dennoch ein gutes Guinness, was vermutlich daran liegt, dass die Belegschaft ausschließlich aus Iren besteht.

In jüngeren Jahren habe ich in Irland, genauer gesagt: in Belfast, in Nordirland, als einziger Ausländer in einer sehr guten Fußballmannschaft gespielt, die fortwährend gegen andere sehr gute Fußballmannschaften spielte. Ich war dabei stets überfordert, und obwohl ich ein Innenverteidiger mit bescheidensten Mitteln war, gab es damals bei den üblichen Preisverleihungen auf der Feier zum Saisonabschluss unserer Mannschaft eine neue Kategorie. Sie lautete: »Bester ausländischer Spieler des Jahres«. Die Iren sind halt einfach die freundlichsten Menschen der Welt.

Wenn in der White Horse Tavern Stammgast Danny nicht da ist, der es sich zur Lebensaufgabe gemacht hat, sämtlichen Anwesenden wieder und wieder und dann noch einmal zu erklären, dass der Bassist John Paul Jones das wahre Genie bei *Led Zeppelin* war, erzählen sie am Tresen gern die Geschichte von John, einem Anwalt, den sie hier »Jewish John« nennen.

Eines Winterabends, an dem die Temperaturen draußen mal wieder in lebensfeindliche Bereiche gesunken waren, stürmte er in die Bar und rief: »Mann, ist das kalt. Ich brauch was Starkes. Gebt mir, gebt mir – ein Bud Light!« Sie gaben ihm, da die Tageszeit es schon erlaubte, ein Guinness.

WETTER

Dies ist mein zweiter Winter in New York. Ich glaubte daher zu wissen, was auf mich zukommt. In meinem ersten Winter in New York hatte ich mir nach wenigen Tagen Skiunterwäsche gekauft, obwohl ich nicht die Absicht habe, jemals Ski zu fahren. Mit Fortbewegungsmitteln ohne Bremse kann ich leider nicht so gut umgehen.

Ich weiß, dass Sie an dieser Stelle einwenden wollen, dass gleich das erste der Ungeschriebenen Gesetze für Kolumnen (UGfK) besagt, dass man auf keinen Fall übers Wetter schreiben darf. Ein im Grundsatz berechtigter Einwand, allerdings habe ich in Edinburgh und in Belfast studiert und später viele Jahre in London gelebt, was heißt, dass ich einen erheblichen Teil meines Erwachsenenlebens mit Gesprächen über verschiedene Formen von Niesel, ungewöhnlich milde Winter und »Hitzewellen« zugebracht habe, bei denen die 20-Grad-Marke »geknackt« wurde. Wer derart sozialisiert nicht hin und wieder übers Wetter schreibt, der macht sich nicht nur verdächtig, der macht sich lächerlich. Befindet man sich im Besitz einer solchen Ausnahmegenehmigung, sehen die UGfK lediglich vor, dass im Text exakt zweimal die Formulierung »seit Beginn der Aufzeichnungen« vorkommen muss.

In meinem ersten Frühling in New York regnete es ohne Unterlass. Das sei ungewöhnlich, sagten meine Freunde. Mein erster Sommer zeichnete sich durch eine stickige

Schwüle aus. So schlimm sei's sonst nicht, sagten meine Freunde. Wann immer ich meine bescheidene Bleibe in Hell's Kitchen verließ, die sich in einem ehemaligen Schwesternwohnheim befindet, war es, als drückte mir jemand ein nassheißes Handtuch ins Gesicht. Meine Klimaanlage besteht aus an die Innenwände geschraubten Kältemaschinen, die schon bei halber Kraft röhren wie ein Ford Mustang von 1970. Das bedeutet, dass man sich im Sommer aussuchen kann, ob man wegen des Lärms oder wegen der Hitze nicht schläft.

Im früheren Herbst kam der Regen zurück, es wurde klamm, aber von den drei Wochen, die ich im späteren Herbst urlaubend außer Landes verbrachte, erzählt man sich noch heute, so schön sei es in der Stadt lange nicht gewesen. Als ich aus dem Urlaub zurückkehrte, setzte umgehend ein strenger Winter ein, was unangenehm, aber zunächst nicht so schlimm war, da ich die Skiunterwäsche besaß.

In dieser Woche jagte das Thermometer ohne Umweg von minus 20 auf plus 16 Grad, und natürlich traute ich dem Braten nicht und trug sicherheitshalber weiterhin die Winterklamotten. Ich nehme einfach mal an, dass Sie noch nicht bei plus 16 Grad in Skiunterwäsche in der New Yorker U-Bahn unterwegs waren. Es wird Sie dennoch nicht überraschen, wenn ich sage, dass ich in meinem zweiten Winter in New York geschwitzt habe wie noch nie seit Beginn der Aufzeichnungen.

CRAZY HORSE

Seit Tagen läuft in meiner Wohnung Musik von Neil Young, was zumindest indirekt mit dem Ausblick vom Balkon zu tun hat. Obwohl ich mit meiner bescheidenen Bleibe im Grunde sehr zufrieden bin, hat sie ein paar Nachteile. Zum Beispiel läuft die Heizung nur in den Aggregatzuständen »Hochofen« und »Aus«. Selbst wenn es draußen minus 20 Grad hat, wird es in der Wohnung so heiß, dass ich fortwährend fürchte, die überall herumliegenden Zeitungen und Magazine könnten sich selbst entzünden.

Unser Hausmeister Giovanni Colon, dessen Name sich, je nachdem, wie man gerade auf ihn zu sprechen ist, mit Johannes Doppelpunkt oder Johannes Dickdarm übersetzen lässt, empfiehlt, entweder nicht zu heizen und was Warmes anzuziehen oder einfach die Balkontür aufzulassen, damit die Hitze entweichen kann. Für letztgenannte Strategie spricht, dass die Heizkosten in der Miete mit drin sind.

Von meinem Balkon hat man einen schönen Blick auf hohe Häuser, darunter ein fast fertiges, in dem ein Hedgefonds-Manager kürzlich ein Apartment für 238 Millionen Dollar erwarb. Nachdem ich in einer der überall herumliegenden Zeitungen von dem teuren Apartment gelesen hatte, dachte ich erstmals seit Jahrzehnten an meinen Jugendfreund M. Als ich ein Teenager war, hatte M. erklärt, dass er sich, sobald er 400000 Mark besitze, einen Ferrari kaufen werde. »Was für ein Auto würdest du dir für 400000 Mark kaufen?«, fragte er. Ich antwortete, dass ich 400 gebrauchte Renault 4 kaufen würde, und zwar alle in Grün. Vielleicht wusste er mehr über das Leben als ich. Vielleicht auch nicht.

Jedenfalls erinnerte ich mich, nachdem mir die Renault-Sache eingefallen war, auch daran, wie M. seinerzeit erzählt hatte, dass in vielen Liedern von Neil Young ein Indianer namens Crazy Horse Gitarre spiele, der nicht mal Noten lesen könne. Ich war beeindruckt. Als wenig später mein Vater eine Platte von »Neil Young and Crazy Horse« auflegte, merkte ich beiläufig an, dass dieser Indianer ein wirklich guter Gitarrist sei. Mein Vater sah mich verständnislos an. »Na, Crazy Horse, der Indianer, der nicht mal Noten lesen kann«, sagte ich. Mein Vater grinste.

Nie werde ich den Tag vergessen, an dem ich Jahre später in einem der überall in unserer Wohnung herumliegenden Magazine zufällig las, dass *Crazy Horse* der Name der Band des wirklich guten Gitarristen Neil Young war. M. hatte den Indianer, der nicht mal Noten lesen konnte, schlicht erfunden.

Wenn ich in diesen Tagen aus meiner Renault-Wohnung durch die offene Balkontür auf die Ferrari-Wohnung blicke und dabei die alten Platten höre, spüre ich sie erneut, diese ewige Mischung aus Freude und Schmerz, die es bedeutet, hin und wieder aus der Seligkeit des Unwissens zu erwachen.

MÜNZEN

Dass das Essex World Cafe geschlossen hat, betrübt wohl niemanden in New York so sehr wie meinen Freund V., den Fremdenführer. Es lag direkt am World Trade Center, wo V. auf seinen Touren gern zur Mittagszeit ankommt. Dort erzählt er den Reisegruppen von den Anschlägen vom 11. September 2001. Er erzählt, wo er damals war, er erzählt von seinen Freunden und Nachbarn, er erzählt Geschichten aus dem Innersten der Stadt. Meist hören die Touristen eine Weile zu, aber sobald V. eine kurze Pause in seinen Ausführungen einlegt, erzählen sie umgehend uninteressante Geschichten darüber, was sie selbst am 11. September getan haben. V. hört sich das alles an, er ist ein geduldiger Mann, der seit mehr als 20 Jahren Besucher durch New York führt.

Wo die beiden Türme des alten World Trade Center standen, sind jetzt zwei schwarze Löcher. An den Wänden der Löcher läuft Wasser hinab. Es ist, wenn man das so sagen kann, ein gelungenes Denkmal. Als ich neulich mit V. auf dem Weg in die White Horse Tavern war, die sich, wenn man schnell geht, exakt elf Minuten vom World Trade Center entfernt befindet, machten wir einen Abstecher zum Denkmal. Wir stellten fest, dass die Touristen am ehemaligen Südturm neuerdings Münzen ins Wasser werfen, als sei das schwarze Loch der Trevi-Brunnen. V. blickte auf die Münzen. Er seufzte.

Ins Essex World Cafe brachten viele Fremdenführer ihre

Reisegruppen zum Mittagessen. V. sagt, eine beliebte Kombination unter Touristen sei Kuchen und Gyros gewesen. Er setzte seine Gruppen ins Café, er wartete, bis sie bestellt hatten, dann sagte er, dass er jetzt selber 60 Minuten Pause habe. Deshalb gehe er kurz in ein Etablissement, das lediglich elf Minuten entfernt sei. Diese 60 Minuten waren seine Oase. Im vergangenen Jahr hat das Essex World Cafe zugemacht, und einen in jeder Hinsicht so gut gelegenen Ort, um gesprächige Gruppen von Touristen zu parken, hat V. noch nicht wieder gefunden.

Als wir zum ersten Mal gemeinsam am World Trade Center waren, erzählte ich V., als er eine kurze Pause in seinen Ausführungen einlegte, dass ich am 11. September an einer Reportage über einen von Unkraut bewachsenen Sportplatz in München arbeitete, den niemand mehr benutzte. Diese Reportage ist, wenn man von Dan Browns Buch *Sakrileg* absieht, von dem ich einst in einer übermenschlichen Anstrengung fast 50 Seiten gelesen habe, weil es in einem dänischen Ferienhaus herumlag und ich meine mitgebrachten Bücher (und die meiner Frau) bereits durchhatte, das Langweiligste, das jemals geschrieben und gedruckt worden ist, und ich kann versichern, dass davon fast 20 Jahre später zu erzählen auch nicht spannend war. V. hörte sich das an, geduldig. Als ich fertig war, seufzte er und dirigierte mich schnellen Schrittes in ein lediglich elf Minuten entfernt liegendes Etablissement.

AUFBRUCH

Vor der großen Reise bin ich noch mal zum Friseur gegangen. Viele Herrenfriseure in Hell's Kitchen tragen mehr Haare auf den Unterarmen als auf dem Kopf, was sie grundsätzlich von mir unterscheidet. Ich habe zwar ebenfalls behaarte Unterarme, aber die Natur hat mir vor allen Dingen volles Haupthaar geschenkt, was den einzigen Nachteil hat, dass ich aussehe wie ein mittelalter Monchichi, wenn ich nicht alle vier Wochen beim Friseur vorbeischaue. Den jüngeren Lesern sei gesagt, dass es sich bei Monchichis um behaarte Zwergpuppen aus Japan handelt, die so niedlich daherkommen, dass die Schlümpfe im Vergleich wie eine marodierende Bande von ganzkörperbemalten Schalke-Fans auf Auswärtsfahrt wirken.

Wenn Sie dies lesen, werde ich mit meinem neuen Haarschnitt und meinem Anwalt bereits unterwegs sein, um das Land von Küste zu Küste zu durchqueren. Wir sind am Freitag in New York losgefahren, erst mal geht es gen Süden, und wenn wir lange genug gen Süden gefahren sind, biegen wir rechts ab und fahren einige Wochen geradeaus, bis die Straße zu Ende ist. Das ist der Plan. Mein Anwalt ist einer meiner ältesten Freunde. Er hatte sich, als wir in einer ebenso mittelgroßen wie norddeutschen Stadt am Meer die Universität besuchten, in seinem Politikstudium so sehr gelangweilt, dass er eines Tages beschloss, etwas richtig Durchgeknalltes zu tun.

»Zaschke, man lebt nur einmal!«, hatte er gesagt und sich an der Juristischen Fakultät eingeschrieben.

Vor der Abfahrt habe ich ihm sämtliche Sehenswürdigkeiten von Hell's Kitchen gezeigt, was rasch erledigt war, da es hier nichts zu sehen gibt außer unterarmbehaarten Friseuren und dem Rudy's, einer Schrottbar, von der aus verschiedenen Gründen nicht verraten werden kann, wo sie genau liegt. Im Rudy's wurden wir mit großem Hallo begrüßt, was daran lag, dass die Frauen alle mit meinem zu gut aussehenden Anwalt durchbrennen wollten, während die Männer sich über meinen Haarschnitt belustigten.

Nachdem ich mehrere Friseure im Viertel durchprobiert hatte, bin ich bei Robert in Rafik's Barber Shop gelandet. Der Laden wirbt mit dem Slogan: »Es ist nicht nur ein Haarschnitt. Es ist ein Erlebnis.« In Roberts Fall trifft das zu. Im Prinzip ist er ein guter Friseur, aber seine Hände zittern je nach Tagesform mal mehr und mal weniger stark, was einigen Einfluss auf das Ergebnis seiner Bemühungen hat. Ich bringe es trotzdem nicht übers Herz, zu einem anderen Friseur zu gehen. Die einzige Einschränkung, die ich mache: Die stets angebotene Vollrasur mit dem Messer lehne ich kategorisch ab.

Es wird nun ein paar Kapitel lang von der großen Auswärtsfahrt zu berichten sein. Als erster, recht persönlicher Eindruck aus der Weite der Welt sei übermittelt, dass ich derzeit auf den Unterarmen besser frisiert bin als auf dem Kopf.

WILMINGTON

Ende vergangener Woche habe ich Hell's Kitchen mit meinem neuen, erfreulich miserablen Haarschnitt und meinem Anwalt verlassen, um eine gute Weile gen Süden zu reisen und dann irgendwo rechts abzubiegen und ein paar Wochen geradeaus zu fahren, bis die Straße zu Ende ist. Mein Anwalt ist einer meiner ältesten Freunde und für dieses Unterfangen aus Berlin angereist. Es ist sein erster Besuch in Amerika, das Land hatte ihn bisher nicht interessiert. Nach seiner Ankunft hatte er sich New York exakt 24 Stunden lang angeschaut und befunden: »Hab hier alles gesehen. Lass uns losfahren.« Also fuhren wir los.

Noch immer sind wir gen Süden unterwegs, und mein Anwalt sagt, er werde zu Hause berichten, dass dieses Amerika tatsächlich so groß sei, wie alle immer sagen. Zu Beginn der Reise hatten wir keine andere Wahl, als die Interstate 95 zu nehmen, die mit Recht als mieseste Straße des Landes gilt. Hinter Washington haben wir uns auf die kleineren Straßen verfügt, wo es sich angenehmer fahren lässt und überdies besser zur Geltung kommt, was für ein riesenhaftes Auto so ein Chevrolet Tahoe doch ist. Ich war dafür gewesen, in einem Ford Mustang aus den Siebzigern zu fahren, aber mein Anwalt hielt ein leidenschaftliches Plädoyer dafür, ein großes Auto zu nehmen, in dem man höher sitzt und vor allem bequem. Schon allein dieses Plädoyers wegen hat sich das Jurastudium gelohnt. Es war mitreißend.

Im Grunde ist es ihm egal, wo wir anhalten. Es geht ihm ums Fahren, er ist gern unterwegs. Er hatte für die Tour lediglich zwei Ziele ausgegeben: Er wolle zehn Kilo zunehmen, hatte er gesagt, und er wolle nach Wilmington.

Wilmington ist ein nettes Städtchen in North Carolina mit knapp 120000 Einwohnern, das den Spitznamen »Hollywood East« trägt, weil dort sehr viele Filme und Serien gedreht wurden. Mein Anwalt sagte, dass er dort mit ziemlicher Sicherheit von einem Talentscout entdeckt werde. Er sieht tatsächlich etwas zu gut aus, und er hatte sich überlegt, dass er vielleicht, um ein beliebiges Beispiel zu nennen, einen Anwalt spielen könne. Nicht, dass er da festgelegt wäre, sagte er, aber das sei eine Rolle, die er sich vorstellen könne.

Nachdem wir mehrmals die wenige Hundert Meter lange und weitgehend reizfreie Hauptstraße von Wilmington auf und ab spaziert waren und mein Anwalt immer noch nicht entdeckt worden war, beschlossen wir, erst mal was essen zu gehen. Die Kellnerin hieß Diane und erzählte, dass die Filmförderung vor ein paar Jahren zurückgefahren wurde und seitdem nicht mehr viel in der Gegend gedreht werde.

Mein Anwalt war erleichtert. Kurz, ganz kurz, hatte er befürchtet, dass es an ihm liegen könnte. Er bestellte sich einen Steakburger mit Extra-Steak und fragte die Kellnerin beiläufig, wie man von Wilmington am schnellsten nach Hollywood komme.

FISCHE

Wir waren in Savannah, als mein Anwalt beschloss, in sein bürgerliches Leben zurückzukehren. Seit mehr als einer Woche waren wir von New York gen Süden gefahren. Der Plan war, irgendwann rechts abzubiegen und dann so lange weiterzufahren, bis die Straße zu Ende ist. Das ist auch weiterhin der Plan, doch mein Anwalt, der einer meiner ältesten Freunde ist, hat beschlossen, die Reise nicht bis zum Ende mitzumachen.

In Savannah hatten wir vor einem Pub namens »The Warehouse« Station bezogen, wo man auf wackligen Stühlen sitzt und den Savannah River betrachtet. Das macht man idealerweise einige Stunden so. Zudem behält man die Flaneure im Auge, und obwohl man weiß, dass in Amerika sehr viele sehr dicke Menschen leben, war mein etwas zu dünner Anwalt mal wieder erstaunt darüber, dass in Amerika so viele so dicke Menschen leben.

Immerhin weiß er jetzt, warum das so ist. Wenn man zum Beispiel im Hyman's in Charleston die gemischte Fischplatte und eine klitzekleine Vorspeise bestellt, bekommt man erst eine Vorspeise, die man nicht bestellt hat. Geht aufs Haus, sagt der dicke Kellner, der so freundlich ist, als hätte er sein Leben lang auf den Tag gewartet, an dem mein Anwalt und ich das Lokal betreten. Dann wird die bestellte Vorspeise gereicht, die man nur bewältigt, falls man wirklich daran glaubt, dass morgen das Wetter schlecht wird, wenn man den

Teller nicht leer isst. Schließlich kommt die Hauptspeise, die aus einem Berg frittierter Fische besteht, von dem eine deutsche Durchschnittsfamilie drei Tage lang essen könnte.

Mein Anwalt hatte den Plan gehabt, auf der Reise zehn Kilo zuzunehmen. Trotzdem gelang es ihm nicht, auch nur ein Viertel des Bergs abzubauen. Um uns herum aber wurde ebenso erfreut wie befreit aufgegessen, und ich sage mit Stolz, dass ich, obwohl ich derzeit, sagen wir, nicht zu hundert Prozent austrainiert bin, die zweitdünnste Person im Raum war. Selbst die Kinder waren dicker als ich. Gern schriebe ich, dass mein Anwalt ausgestiegen sei, weil er einen spektakulären Fall übernommen habe. Aber es ist einfach so, dass er immer gesagt hatte, er werde so lange mitfahren, bis er seine Familie zu sehr vermisse. Mein Anwalt hat die Art von Familie, die man bereits nach zwei Minuten Abwesenheit vermisst. Amerika sollte es als Kompliment verstehen, dass er überhaupt so lange mitgefahren ist.

Leider hat er durch seine Abreise die Isländerin verpasst, die sich der Tour in Atlanta angeschlossen hat. Wir sind gerade in New Orleans angekommen, wo die Isländerin, weil sie ein Wesen des Zaubers ist, bereits die halbe Stadt kennengelernt hat. Unter anderem den Dichter Stan Vilensky, den sie dazu überredet hat, ein Gedicht für die Leserinnen und Leser dieser Kolumne zu schreiben. Wie viel Zeit er habe, fragte er. »Bis nächsten Samstag«, sagte die Isländerin.

GNADE

Stan Vilensky hat geliefert. Er ist ein Dichter in New Orleans, den die Isländerin, meine Reisebegleiterin, dazu überredet hatte, ein Gedicht für die Leserinnen und Leser dieser Kolumne zu schreiben. Seit geraumer Zeit bin ich in einem Chevrolet Tahoe unterwegs von Küste zu Küste. Erst war mein Anwalt mitgefahren, der einer meiner ältesten Freunde ist. Als er zurück nach Deutschland flog, ist die Isländerin zugestiegen, um mich eine gute Woche lang zu begleiten. Die Isländerin hatte binnen Stunden halb New Orleans, oder sagen wir: das halbe French Quarter in Gespräche verwickelt. So kam das mit dem Gedicht.

Meine bescheidene Meinung zu Stan Vilenskys Gedicht ist, dass schon viele weitaus schlechtere Gedichte verfasst wurden, unter anderem von mir selbst, als ich als 15-Jähriger Steffi K. aus B. mit meiner Schreibkunst zu beeindrucken suchte, was misslang. Es sind aber auch schon weitaus bessere Gedichte geschrieben worden (wenn auch nicht von mir). Vilensky hatte sich für das eher weite Thema »Amerika« entschieden, weshalb er großzügig in den Topf griff, in dem Wörter wie »Freiheit«, »Wahrheit« und »Dunkelheit« lagern.

Am Schluss schreibt er: »Ich hinterlasse meine Spuren, / während der Wind die Historien löscht, / die fett- und fiesgesichtige Sieger gefälscht haben; / Land der Musen, der Schicksale und der Gnade.« Statt mit Geld bedankte sich die

Isländerin mit einem Lächeln von der Sorte, die sich in die Seele brennt, und ich bilde mir ein, dass Vilensky uns noch nachwinkte, als wir schon auf Lafayette zufuhren.

Auf der Fahrt erzählte die Isländerin, dass es im Süden Islands einen Strand gebe, von dem die Touristen regelmäßig von überraschenden Wellen ins Meer gerissen würden, während sie sich selbst fotografierten, und da viele dieser Touristen Asiaten seien, heiße der Strand jetzt im Volksmund »Chinese Takeaway Beach«.

Entsprechend heiter gestimmt erreichten wir Lafayette, wo wir in der Mouton Plantation unterkamen. Zum Abendessen sei das »Blue Dog Café« empfohlen, in dem die Werke des Malers George Rodrigue hängen, der eines Tages beschlossen hat, in fast jedem seiner Bilder einen blauen Hund mit gelben Augen unterzubringen. Da die Isländerin binnen Minuten mit dem halben Lokal ins Gespräch vertieft war, erfuhren wir, dass der blaue Hund einmal in einer Werbung für einen schwedischen Wodka verwendet wurde, was gewissermaßen einen Bogen schlage von den schwülen Südstaaten der USA in den kalten Norden Europas.

Die Isländerin revanchierte sich für diese Information, indem sie Stan Vilenskys Gedicht vortrug, und ich bin mir sicher, dass der Dichter im 220 Kilometer entfernten New Orleans in dem Moment, als sie an die Stelle mit den Musen, den Schicksalen und der Gnade kam, einen ebenso unerklärlichen wie wohligen Schauder fühlte.

CINDY UND BERT

Nun ist auch die Isländerin abgereist. Seit einiger Zeit bin ich im Auto von New York grob in Richtung Los Angeles unterwegs, und die Isländerin hatte sich der Tour in Atlanta angeschlossen, nachdem mein Anwalt, der mein erster Reisebegleiter war und einer meiner ältesten Freunde ist, in Savannah beschlossen hatte, dass er jetzt mal wieder bei seiner wunderbaren Familie in Berlin vorbeischauen müsse.

Mit der Isländerin bin ich von Atlanta zunächst durch Georgia und Alabama gefahren. In Montgomery, der Hauptstadt Alabamas, hatten wir gefragt, was man in diesem Staat unbedingt anschauen müsse. Die Antwort lautete, das Schönste an Alabama seien die Kühe, die auf den Hügeln grasen. Gut, sagte die Isländerin, aber vielleicht gebe es ja noch etwas speziellere Tipps? Nein, wurde uns beschieden, das große Ding in Alabama seien die Kühe auf den Hügeln. Auf der Weiterfahrt wurden wir vieler kuhloser Hügel gewahr. Hin und wieder sichteten wir tatsächlich Kühe, die es jedoch vorzogen, in Senken und Tälern zu grasen. Vielleicht war es ihnen zu dieser Jahreszeit auf den Hügeln einfach zu zugig.

Über New Orleans und Lafayette gelangten wir nach Houston, wo leider ein Flugzeug bereitstand, um die Isländerin zurück in ihre Heimat zu tragen. Seither reise ich allein.

Wenn schon allein, dann richtig, dachte ich und fuhr in

den Südwesten von Texas, wo ich in einer Lodge am Lake Amistad eine Hütte mietete, in der es keine Internetverbindung gab und schwachen Handy-Empfang nur auf einem kuhlosen Hügel in der Nähe. Dort blieb ich drei Tage lang und blickte von morgens bis abends auf den See. Der Plan war, an nichts zu denken und an alles, aber da war diese Kleinigkeit, die sowohl die Abwesenheit wie auch das Aufscheinen von Gedanken mit einem Soundtrack unterspülte: Die Besitzer der Lodge sind aus San Diego, Kalifornien, in diese Einöde gezogen. Sie heißen Cindy und Bert.

Man fährt also knapp 3000 Meilen durch Amerika, um sich an einem der abgelegensten Orte des Landes den großen Fragen zu nähern, und man trifft Cindy und Bert. Den zahlreichen jüngeren Lesern sei kurz rübergerufen: »Cindy & Bert« ist der Name eines in Deutschland vor allem in den Siebzigerjahren recht erfolgreichen Schlagerpaares, dessen größter Hit »Immer wieder sonntags« heißt. Das Lied ist eine harmlose Mischung aus etwas, das im Grunde keine Musik darstellt, und etwas, das wirklich nicht als Text durchgeht.

Als ich nach drei Tagen das Meditieren aufgab, weil immer, wenn ich der Lösung der großen Fragen nahezukommen glaubte, in meinem Hinterkopf »Immer wieder sonntags« zu spielen begann, checkte ich aus. Wie es mir gefallen habe, wollten Cindy und Bert wissen. Wahrheitsgemäß sagte ich, dass es vor allem den Gastgebern zu verdanken sei, dass dieser Aufenthalt für mich ein besonderer war.

MARFA

Begonnen hatte die große Reise mit einem Haarschnitt in Hell's Kitchen, der so missraten war, dass ich aussah, als hätte ich mich selbst mit dem Brotmesser frisiert. Also beschloss ich, dass die große Reise auch mit einem Haarschnitt enden sollte, und zwar in Hermosa Beach bei Los Angeles, in einem Laden mit dem klangvollen Namen »Deep Pocket Jean Company«.

Ich hatte auf dem Weg von Küste zu Küste 17 Bundesstaaten durchquert und dabei 7752,21 Kilometer zurückgelegt. Ich war auf vielen kleinen und großen Straßen unterwegs, auf der fürchterlichen Interstate 95 ebenso wie auf dem traumhaften Highway 90, der unter anderem durch Marfa führt.

Das Örtchen Marfa liegt mitten in der Wüste, es ist sehr weit weg von allem, und doch finden sich dort knapp drei Dutzend Galerien, gute Restaurants und lässige Cafés, was daran liegt, dass der Maler, Bildhauer und Architekt Donald Judd sich in den Siebzigerjahren in Marfa niedergelassen hat. Er liebte die Weite, den Himmel, den Wüstenwind. Über die Jahre sind ihm viele Künstler gefolgt, und später haben die Hipster den Ort entdeckt.

Mittlerweile kann man in Marfa, das weniger als 2000 Einwohner hat, genauso gut essen wie in New York, und vor allen Dingen gibt es vernünftigen Kaffee. Das ist deshalb erwähnenswert, weil es wirklich schwierig wird, in Amerika trinkbaren Kaffee aufzutreiben, wenn man die Küsten verlassen hat. Ich habe überdies beschlossen, dass Marfa bis auf Weiteres mein Lieblingsortsname in den USA ist. Klingt das nicht wie ein Sonntagmorgen, an dem man im Bett frühstückt? Marfa.

Auf dem ersten Teil der Reise hatte mich mein Anwalt begleitet, der einer meiner ältesten Freunde ist. Auf dem zweiten Teil war die Isländerin dabei, die jetzt von halb Amerika vermisst wird. Den dritten Teil, den Weg in den Westen, bestritt ich allein. Man hat diese Landschaften in tausend Filmen gesehen, man hat tausendmal gehört, dass sie »erhaben« seien und »monumental«. Und dann fährt man hindurch und ist trotzdem überrascht, wie erhaben diese Landschaften sind, wie monumental. Man schaltet das Radio aus und macht die Fenster auf und fährt, Stunde um Stunde, und man wünscht, die Straße würde nie zu Ende sein.

In der »Deep Pocket Jean Company« drehen sie beim Haareschneiden den Stuhl vom Spiegel weg, sodass man das Ergebnis der Bemühungen des Friseurs erst sieht, wenn es zu spät ist. Ein Mann namens Sean McGuire, der anders als New Yorker Friseure fast keine Haare auf den Unterarmen hat, dafür aber zwei große schwarze Ringe in den Ohrläppchen trägt, schnippelte eine halbe Stunde angelegentlich auf meinem Kopf herum. Dann drehte er mich zum Spiegel und fragte: »Und?«

Ich dachte an das, was hinter mir lag, und ich dachte an das, was vor mir liegt, und mit meinem schönsten Lächeln log ich: »Das ist perfekt.«

14 DOLLAR

Ich stand an der Kreuzung von 8th Avenue und 51st Street, als mich ein Mann ansprach. Anfang 30, helle Turnschuhe, verwaschene Jeans, dunkles T-Shirt. Wer trägt heute noch verwaschene Jeans, dachte ich. Ob ich aus der Gegend sei, wollte er wissen.

Vor eineinhalb Jahren bin ich nach Hell's Kitchen gezogen, wo ich eine bescheidene Bleibe gefunden habe. Nicht weit von der Wohnung befindet sich das Rudy's, eine exzellente Schrottbar. Man kennt mich dort. Im Amish Market, der ein Labyrinth aus sich verzweigenden Gängen ist, in das der Legende zufolge schon Touristen hinein-, aber nie wieder herausgefunden haben, weiß ich exakt, wo das Knäckebrot steht und wo die hart gekochten Eier versteckt sind. Wenn ich am Restaurant Briciola vorbeilaufe, winkt mir der ebenso tätowierte wie französische Chefkellner zu. Manchmal kommt er raus auf einen Plausch.

Ob ich aus der Gegend sei, hatte der Mann in den verwaschenen Jeans also gefragt.

Ich antwortete: »Ich glaube, das kann man mittlerweile so sagen.«

Ah, sagte er, das sei gut, er habe nämlich das Problem, dass seine Kollegen schon weg seien, er arbeite auf dem Bau, und er habe sein Portemonnaie nicht dabei, und eben habe sich der Akku seines Handys verabschiedet, er müsse aber nach Hause, und die Fahrt vom Busbahnhof Port Authority koste 14 Dollar, und ob ich ihm nicht aushelfen könne, er zahle morgen alles zurück.

Natürlich wusste ich, dass er log. Es war ein herrlicher Nachmittag, eben hatte ich mit dem Schriftsteller Gary Shteyngart zwei Stunden lang in einem Park gesessen, wir hatten meist schönsten Blödsinn geredet, aber wir hatten auch über das Gute im Menschen gesprochen, über Anteilnahme, über Vertrauen. »Wie heißt du?«, fragte ich. »Tabib«, sagte der Mann.

Ich sagte, er solle mit zum ehemaligen Schwesternwohnheim kommen, in dem ich wohne, und unten warten, während ich Bargeld hole. Ich steckte 14 Dollar in einen Umschlag und erklärte ihm, dass er das Geld beim Pförtner zurückgeben könne. »Das mache ich. Versprochen«, sagte Tabib. Ich sagte sehr, ja sehr freundlich, dass sich eine große Schwärze auf seine Seele legen werde, falls er das Versprechen breche. Er wirkte plötzlich unsicher. »Eine große Schwärze«, sagte ich noch freundlicher, »auf deine Seele.« Ich will nicht behaupten, dass es nach Schwefel roch, als ich das sagte. Aber Tabib wollte nur noch weg.

Wer vom ehemaligen Schwesternwohnheim zum Busbahnhof Port Authority will, geht nach links. Tabib ging eilig nach rechts, während ich ihm nachwinkte. Es war, wie gesagt, ein herrlicher, ein flirrender Nachmittag, und ich dachte, dass 14 Dollar kein allzu hoher Preis sind für das Gefühl, nun vielleicht wirklich in Hell's Kitchen angekommen zu sein.

SAUVIGNON BLANC

An diesem Montag war in den USA mal wieder Steuerzahltag, weshalb sich das ganze Land, soweit ich das von Hell's Kitchen aus überblicken kann, in miserabler Stimmung befand. In Ost und West und Nord und Süd strebten schlecht gelaunte Menschen zu den Postämtern, um ihre Steuererklärungen und einen Scheck abzuschicken. Ja, man zahlt seine Steuern in den USA mit Schecks. Zumindest mache ich das so.

Mein Steuerberater Braxton Moncure sagte, dass ich am Montag bitte meinen kompletten Besitz an die Steuerbehörde überschreiben solle. Meinen Hinweis, dass ich bereits im letzten Quartal meinen kompletten Besitz an die Behörde überschrieben hatte, quittierte er mit einem schönen Lächeln.

Mein kompletter Besitz besteht derzeit aus einigen Büchern, einer Gleitsichtbrille, von der noch zu berichten sein wird, einer Postkarte, die einen U-Bahn-Plan von London im 19. Jahrhundert zeigt, einer orangefarbenen Küchenwaage von Soehnle sowie elf Flaschen Sauvignon Blanc vom Weingut Casa Monte. Ich hatte beim Weinhändler einen soliden Pinot Grigio kaufen wollen. Pinot Grigio sei aus, sagte der Weinhändler. Er habe aber zwei Kisten dieses exzellenten Sauvignon Blanc im Sonderangebot, den er mir kostenlos nach Hause liefern könne, und zwar sofort. Ob man den probieren könne, fragte ich. Der Weinhändler sah mich empört an. Vertraute ich seiner Empfehlung nicht? Doch, doch, natürlich, sagte ich und bezahlte.

Am nächsten Abend hatte ich Besuch zum Essen und öffnete eine Flasche. Ich nahm einen kleinen Schluck. Wie soll man es sagen?

Mein ehemaliger Deutschlehrer hätte gesagt, das Zeug kannst du nicht mal einem Esel ins Ohr gießen. Mein stets erstaunlicher Freund G., mit dem ich einst durch London marodierte, hätte gesagt, der Wein schmeckt wie Laternenpfahl ganz unten. Es handelt sich, soweit ich das von Hell's Kitchen aus überblicken kann, um den schlechtesten Wein, der je in Flaschen gefüllt wurde. Meine Frage, ob er die restlichen Flaschen bitte zurücknehmen könne, quittierte der Weinhändler mit einem schönen Lächeln.

Am besagten Steuermontag marschierte ich also zum Postamt in der 52nd Street, um den Behörden einen Scheck zu schicken, der sie zu den neuen Besitzern meines Barvermögens macht. Die Schlange vor dem Schalter war zwei Meilen lang. Manchmal, alle zehn Minuten, rückten wir einen halben Zentimeter vor. Ich dachte an die Kreise der Hölle. Ich dachte an frisches Rahmporree. Ich dachte an den Sauvignon Blanc von Casa Monte. Macht es mich zu einem schlechten Menschen, dass ich in diesem Moment beschloss, meinem Steuerberater in diesem Quartal für seine Bemühungen mit einer ganz besonderen Flasche Wein zu danken?

GLEITSICHT

Mein Freund V., der Fremdenführer, besitzt seit einiger Zeit eine Gleitsichtbrille. Er hat sich zu diesem Schritt entschlossen, als er vergeblich versuchte, seine Zehennägel zu schneiden. Davon erzählte er vor einigen Wochen im Rudy's, einer exzellenten Schrottbar in Hell's Kitchen, von der aus verschiedenen Gründen nicht verraten werden kann, wo sie genau liegt. V. geht dort seit mehr als 20 Jahren hin. Er sei, sagte V., mittlerweile so kurzsichtig und so weitsichtig zugleich, dass er seine Zehennägel beim Schneiden nicht mehr scharf sehe. Mit Brille sind sie zu nah dran. Ohne Brille sind sie zu weit weg.

Da mir diese Beobachtung vertraut vorkam, ging ich in den nächsten Brillenladen auf der 9th Avenue und bestellte eine Gleitsichtbrille. Meine alte Brille mit normalen Gläsern hatte ich kürzlich verloren, als ich die USA in einem Chevrolet Tahoe von Ost nach West durchquerte. Mein Anwalt, der einer meiner ältesten Freunde ist und mich auf einem Teil der Tour begleitete, saß gerade am Steuer, als ich es aus Gründen, die ich heute nicht mehr ganz nachvollziehen kann, für eine gute Idee hielt, auf der Interstate 95 den Kopf aus dem Fenster zu halten. Umgehend riss mir der Wind die Brille aus dem Gesicht, und ich sah sie, wenn auch verschwommen, auf dem Asphalt aufschlagen und unter einem Laster verschwinden.

Das war, zugegeben, nicht das Schlaueste, was ich je

getan habe, aber ich habe auch schon dümmere Sachen angestellt. Und die Brille hatte ich eh noch nie so richtig gemocht. Sie ließ mich aussehen, als könne ich gut mit Geld umgehen, was nicht der Fall ist.

Meine neue Brille war schon am nächsten Tag fertig und kostete so viel, wie ich 1998 mal für einen gebrauchten Polo Fox in Mitternachtsblau ausgegeben habe. Es gibt Menschen, für die Gleitsichtbrillen eine prima Sache sind. Ich gehöre nicht dazu. Drei Wochen lang versuchte ich, mich an die Gläser zu gewöhnen, dann gab ich auf. Die Hälfte des Gesichtsfeldes war grundsätzlich unscharf, die Tastatur des Computers schien sich zu verflüssigen, wenn ich sie anblickte, und ich fühlte mich von morgens bis abends wie in einem bösen, psychedelischen Traum.

In dieser Woche fragte ich V., wie das bei ihm sei. Wir saßen wieder im Rudy's, wo Jolanda, die so lange hinterm Tresen arbeitet wie V. davor, uns hin und wieder einen ausgibt. Jolanda löst das Problem mit der Kurz- und Weitsichtigkeit, indem sie einfach zwei Brillen übereinander trägt.

»Es ist bei mir exakt genauso«, sagte V., »es ist ein böser, psychedelischer Traum.« Wie er das aushalte, fragte ich. »Dass ich die Brille besitze, heißt ja nicht, dass ich sie trage«, brummte V. Ich nickte. Das ergab Sinn. »Klar, du trägst sie einfach nicht«, sagte ich. »Außer zum Zehennägelschneiden«, sagte V.

DNA

Wenn man das Rudy's nicht zu früh betritt und nicht zu spät, sondern exakt zur richtigen Zeit, steht Marlon irgendwo am Tresen. Immer. Er hat keinen Stammplatz, er stellt sich dorthin, wo gerade was frei ist.

Marlon bestellt sich einen Pitcher des Biers der Hausmarke, das, ehrlich gesagt, nicht zu den leckersten Bieren der Welt gehört, und er trinkt diesen Pitcher in Ruhe aus. Dann bestellt er einen zweiten Pitcher. Immer. Wenn Jolanda hinter dem Tresen steht, gibt sie Marlon zum zweiten Pitcher einen Longdrink aus, der zu gleichen Teilen aus Tequila und Tequila besteht. Marlon sagt dann, das sei jetzt aber wirklich zu viel, und trinkt den Drink in Ruhe aus. Wenn es später am Abend zu voll wird im Rudy's, schlendert Marlon rüber zur Subway und nimmt den A-Train rauf nach Washington Heights, wo er wohnt. Er könnte auch dort eine Schrottbar finden, aber natürlich keine wie das Rudy's.

Als mein Freund V., der Fremdenführer, das Rudy's vor mehr als 20 Jahren zum ersten Mal betrat, gehörte Marlon schon zum Inventar. Er ist die vermutlich belesenste Barfliege der Welt, und normalerweise erzählt er Geschichten über Bücher, über Filme, über Musik und über die Feinheiten des Pferderennens. In dieser Woche aber erzählte er, dass er aus Charlotte in North Carolina stamme und nicht mehr nach Hause fahre, weil dort zu viele Rassisten wohnten. Er sei den Rassisten nicht mal böse, sagte er. Sie wüssten es halt nicht besser, weil sie in Ignoranz aufwüchsen. Die einzige Lösung sei, Amerikas Mitte zu meiden. »Bleib an den Küsten«, sagte Marlon.

Nun hatte ich vor Kurzem das exakte Gegenteil getan und das Land einmal von Ost nach West durchquert. Ich erzählte Marlon, dass ich exzellente Menschen getroffen hatte. Zum Beispiel Stan Vilensky, der ein Gedicht für die Leser dieser Kolumne schrieb. Oder Butch, einen Lackierer aus Texas, der mir am Lake Amistad zeigte, wie man ein Cowboy-Steak grillt (das allerdings, ehrlich gesagt, nicht zu den leckersten Steaks der Welt gehörte). »Schon klar«, sagte Marlon, »aber du bist weiß.«

Die Freundin von V. heißt Rolanda, weshalb er nach dem dritten Bier immer aufpassen muss, dass er sie nicht Jolanda nennt, wie die Barfrau. Rolanda hat gerade einen DNA-Test machen lassen, bei dem herauskam, dass sie mit Marie-Antoinette verwandt ist, der letzten Königin Frankreichs. Marlon merkte an, dass er das aus verschiedenen Gründen für unwahrscheinlich halte, was Rolanda nicht im Mindesten beirrte. Sie kramte die Ergebnisse des Testes aus den Tiefen ihres Telefons hervor, und da stand es tatsächlich: verwandt mit Marie-Antoinette. »Schon klar«, sagte Marlon, »aber du bist schwarz.«

OSTWESTFALEN

Es ist passiert. In dieser Woche spazierten am späten Nachmittag zwei Touristen aus Ostwestfalen ins Rudy's, sie setzten sich an den Tresen neben meinen Freund V., den Fremdenführer, sie blickten heiter umher und orderten zwei Bier der Hausmarke zu drei Dollar das Pint. Ich habe es vermutlich schon erwähnt: Das Rudy's ist eine exzellente Schrottbar, von der aus verschiedenen Gründen nicht verraten werden kann, wo sie genau liegt. Unter anderem, weil mir sonst Türsteher Tracy Westmoreland, wie er mehrmals verkündete, die Beine bräche, da er nichts mehr fürchtet, als dass Touristen den Laden entdecken.

Ich weiß nicht, ob die Ostwestfalen die Kolumne lesen und das Rudy's deshalb gefunden haben. Vermutlich nicht. Meiner Meinung nach sind sie durch Zufall in die Bar gestolpert. Sie erzählten V., dass sie immer wieder mal nach New York reisen und bevorzugt an den Tresen der vielen Schrottbars der Stadt herumsitzen. Einer der Ostwestfalen trug eine orangefarbene Jacke. Das war ungefähr so, als hielte er ein Schild hoch mit der Aufschrift: Hier trinkt ein Tourist.

Mir war klar, dass Tracy, ein Mann von der Statur eines ausgewachsenen Grizzlys, sollte er der Ostwestfalen gewahr werden, mir beschiede, dass es nun an der Zeit sei, sich eine neue Bar zu suchen (ich hoffe einfach mal, und vielleicht ist das naiv, dass er das mit den gebrochenen Beinen nicht

VOLLKOMMEN wörtlich meinte). Du hast mit deiner verdammten Kolumne die Touristen gebracht, würde Tracy sagen. Aber noch war Tracy nicht da, er kommt erst abends. Das war meine Chance. Ich erläuterte V. die Lage. Der sagte zu den Ostwestfalen: »Geht doch die 9th Avenue runter zur Holland Bar. Das ist die beste Schrottbar, die ihr finden könnt.« Die Ostwestfalen bedankten sich und gingen.

Was V. ihnen nicht erzählte: In der Holland Bar trank viele Jahre lang ein Mann namens Charly O'Connor. Er trank dort jeden Tag. Die Holland Bar ist ein ganz fieses Trinkloch, V. findet sie recht gut, ich bin kein Fan. Eines Tages kam Charly O'Connor nicht mehr. Das ging eine Woche so. Die Stammtrinker machten sich Sorgen. Dann verging die zweite Woche. Die Stammtrinker haben die Wohnung aufbrechen lassen, und da lag er. Charly war tot. Herzinfarkt.

Da Charly O'Connor keine Nachkommen hatte und offenbar auch sonst keine lebenden Verwandten, legten die Zecher der Holland Bar zusammen und ließen ihn einäschern. Nächste Frage: Wohin mit der Urne? Nun, seine Urne steht bis heute auf einem Regal hinter dem Tresen der Holland Bar.

Nachdem die Ostwestfalen gegangen waren, sagte V., er habe gehört, dass ich in meiner letzten Kolumne die wunderbare Barfrau »Jolanda« aus dem Rudy's erwähnte. »Oh«, sagte ich, »das stimmt, war das okay?« V. nickte. »Das war okay«, sagte er, »aber kannst du bitte versprechen, Yolandas Namen künftig richtig zu schreiben?« »Yo«, sagte ich feierlich.

DÜSSELDORF

Anfang der Woche begleitete mich mein Freund V., der Fremdenführer, auf meinem rituellen Spaziergang durch den Central Park. Ich spaziere da mindestens einmal pro Woche und gehe meist zunächst rüber zu einer Allee namens »The Mall«, an der Statuen von Dichtern stehen, darunter eine des Schotten Robert Burns, der mein Lieblingsdichter ist. Normalerweise redet V., wenn wir spazieren gehen, weil er alles über die Stadt weiß. Diesmal redete ich und erzählte von Burns' Gedichten. V. hörte sich das geduldig an. Dann sagte er: »Wusstest du, dass es ein Denkmal von Heinrich Heine in der Bronx gibt?«

Am nächsten Tag nahm ich in Hell's Kitchen, wo ich wohne, den N-Train rüber zur Kreuzung von Lexington Avenue und 59th Street. Dort wartete V. bereits. Wir stiegen in die Linie 4 und fuhren rauf in die Bronx. Am Stadion der New York Yankees, bei denen es sich offenbar um einen örtlichen und recht populären Schlagball-Verein handelt, stiegen wir aus. Wir passierten die Yankee Tavern, eine Bar mit einem bowlingbahnlangen Tresen, und dann standen wir schon im Joyce-Kilmer-Park vor der Skulptur. V. zeigte auf das Denkmal, als habe er es soeben höchstselbst aus Laaser Marmor erschaffen. Er sagte: »Das Denkmal.«

Es handelt sich bei dem Denkmal um einen Brunnen, auf dem die Loreley thront und sich ihr Haar kämmt. Drum herum sind mehrere mehr oder weniger bekleidete Figuren gruppiert, es gibt ein Heine-Relief am Sockel, und aus irgendeinem Grund hat der Bildhauer Ernst Herter noch allerlei Kleingetier und einen Totenkopf in den Stein geschlagen. Ich war sprachlos.

V. erzählte, dass das Denkmal zu Heines 100. Geburtstag im Jahr 1897 in dessen (und meiner) Geburtsstadt Düsseldorf aufgestellt werden sollte, aber eine fiese Melange aus Antisemiten und Nationalisten das verhindert habe. Ein deutscher Gesangsverein aus New York wollte es daraufhin nach Amerika bringen, und zwar an den Central Park. Nach einigem stadtpolitischen Hin und Her landete es schließlich in der Bronx. Dort wurde es regelmäßig verwüstet, was auch an den amerikanisch-deutschen Abstinenzlern lag und deren Verhältnis zu den mehr oder eben weniger bekleideten Marmorfiguren. Seit das Denkmal in den 1990er-Jahren renoviert wurde, strahlt es wieder, gegenüber dem Bronx County Courthouse, wo V. sich von seiner ersten Frau scheiden ließ.

Wir saßen eine halbe Stunde schweigend vor dem Denkmal, ich dachte an Düsseldorf, an Deutschland in der Nacht und an den HSV. Woran V. dachte, weiß ich nicht. Dann schlenderten wir zur Subway, und natürlich mussten wir in der Yankee Tavern vorbeischauen, auf ein klitzekleines Bierchen.

V. blickte den unendlichen Tresen entlang. »Womöglich die längste Theke der Welt«, sinnierte er. »Ach«, sagte ich, »die steht vermutlich ganz woanders.«

KUMMERBUND

Zum ersten Mal traf ich A., die mit vollem Vornamen so heißt wie eine Stadt in Australien, auf der Party einer Künstlerin im Greenwich Village. Die Künstlerin ließ alle Gäste fortwährend von einem Fotografen ablichten. Die Männer sollten, so stand es in der Einladung, einen Smoking tragen, und die Frauen Abendkleider, aber da dies New York ist, kamen die meisten Männer in schlecht sitzenden Anzügen, in zu engen Hemden und ohne Krawatte. Die Frauen kamen wie immer.

Als Europäer, der zum Teil in London sozialisiert wurde, hatte ich die Einladung wörtlich genommen und war im Smoking erschienen, mit Fliege, Einstecktuch und Kummerbund. Den Kummerbund trug ich vor allem, um die Plauze des mittelalten Mannes zu verbergen. Mein makelloses Outfit führte dazu, dass ich in dem Kunstprojekt, das aus dem Abend erwuchs (verknappt gesagt ein Fotobuch über Partygäste in New York damals und heute), durchaus präsent bin. Allerdings firmiere ich in dem Buch als Spanier, was ich im Detail noch immer nicht begriffen habe, was mich aber auch nicht weiter stört. Sollten Sie, verehrte Leserin, geschätzter Leser, demnächst in einem New Yorker Kunstbuch mit Partyfotos blättern, in dem ein »Spanier« auftaucht, der seine Plauze mittels Kummerbund zu verbergen sucht: Bitte nicht in die Irre führen lassen. Das bin ich.

Auf manchen Bildern ist auch A. zu sehen. Sie hat keine Plauze und kommt aus Manchester in England, so wie die

Band *Elbow*, die ich einen Tick zu gern mag, obwohl sie sich selbst ebenfalls einen Tick zu gern mag, so wie eine exzellente, aber leider vollkommen unbekannt gebliebene Combo namens *The Smiths* oder so wie die tolle und pubertäre Band *The Chameleons*, die ich als meine Jugendliebe bezeichnen möchte.

Zum zweiten Mal traf ich A. in dieser Woche am Montag im Carlyle Hotel auf der Upper East Side. Ich hatte gerade meinen Bart abrasiert. Das Hotel hat eine Bar, in der Woody Allen manchmal montags mit einer Band spielt.

»Sind Sie wegen Woody Allen hier?«, fragte der Portier. »Mit Sicherheit nicht«, sagte ich. Aus vielerlei Gründen halte ich nicht viel von Woody Allen. Ich durchschritt das Hotel und fand A. in der Bar, und natürlich fragte ich, um die Stimmung gleich etwas aufzuhellen, ob wir nicht sofort heiraten sollten. Sie sagte: »Ach, vielleicht nein.« Das war okay. Sie ist aus Manchester.

Wir tranken zwei Wein zu 21 Dollar das Glas, und dann kam die Band ohne Woody Allen, und A. fand, dass das ein bisschen schade sei. Sie sei doch schließlich nur wegen Woody Allen hier. Klar, sagte ich. Sie zahlte die Rechnung, wir gingen nach draußen, 76th Street, ich zündete mir eine Zigarette an. »Oh Gott, du hast deinen Bart abrasiert«, sagte sie. Ja, sagte ich, und sicherheitshalber, da sie es nun endlich bemerkt hatte, fragte ich, ob wir nicht doch sofort heiraten sollten. Sie lächelte sehr schön. Sie sagte:

»Nein.«

AKZENT

Kürzlich fuhr ich nach Boston, was, von Hell's Kitchen aus gesehen, quasi um die Ecke liegt. Man spaziert runter zur Penn Station, steigt in einen überfüllten Zug, sitzt vier Stunden lang inmitten kontinuierlich telefonierender Geschäftsmenschen, und schon ist man da. In Boston war ich vorher noch nie. Ich habe erst neulich das Land von Ost nach West durchquert, in einem Chevrolet Tahoe, zunächst begleitet von meinem Anwalt, der, obwohl das sämtliche Menschen annahmen, die so irre freundlich waren, Leserbriefe zu meinen Reiseberichten zu schreiben, kein professioneller Drogenhändler ist, und anschließend begleitet von der Isländerin, die, um auch diese Fragen zu beantworten, noch wunderbarer ist, als ich sie beschrieben habe. Aber in Boston war ich bis eben noch nie.

Ich hatte meine New Yorker Freundin Susi gefragt, ob sie mir ein Hotel empfehlen könne. Sie hat Freunde in der Stadt und ist öfter dort, und sie wird nicht müde zu erzählen, dass die Leute in Boston so außergewöhnlich freundlich seien. New Yorker gelten als unfreundlich, als rüde gar, ein Eindruck, den ich absolut nicht teile. Im Vergleich zu Berlin (um mal irgendeine Stadt zu nennen) ist New York geradezu aufdringlich freundlich.

Auf meine Frage nach einem guten Hotel schickte Susi mir eine Google-Abfrage namens »Gute Hotels in Boston«. Sie schrieb: »Da könnte eins für dich dabei sein.« Wenn

Leute einem nicht zutrauen, Hotels in einer anderen Stadt zu googeln – was tut man da? Ich schrieb: »Danke, liebste Susi. Das hilft enorm.« Sie schrieb: »Keine Ursache.«

Ich fuhr also nach Boston, sah einer recht bekannten deutschen Politikerin dabei zu, wie sie eine Rede an der Universität Harvard hielt, übernachtete in einem Hotel, das mir mehr als 200 Dollar für ein Kämmerchen abknöpfte, und ja, die Leute waren freundlich, aber, dachte ich, nicht außergewöhnlich freundlich.

Gegen Mittag schlenderte ich zum Bahnhof. Mein Ticket war erst für den Abend gebucht, also ging ich zu einem Schalter und fragte, ob ich bitte einen früheren Zug nehmen könne. »Natürlich nicht«, sagte die Frau am Schalter, »alles ausgebucht. Aber zeigense mal Ihr Ticket.« Ich gab ihr mein Ticket.

Sie tippte auf ihrer Tastatur herum, sie musterte mein Ticket, sie musterte mich, schließlich sagte sie, ohne eine Miene zu verziehen: »Es tut mir wirklich leid, aber Sie können den früheren Zug nur nehmen, wenn Sie unser kostenloses Upgrade in die Erste Klasse akzeptieren.« Ich sagte: »O.k., danke, ist ja nicht Ihre Schuld.« Ich ging.

Ich war drei Meter weit gekommen, als das Wort »SIR!« in einer Lautstärke ertönte, die vermutlich den halben Bahnhof in Schockstarre versetzte. Ich blieb stehen und drehte mich langsam um. »Sie haben mich offenbar nicht richtig verstanden«, rief sie in ihrem starken Bostoner Akzent. Ich ging zurück zum Schalter. »Hier ist Ihr Upgrade«, sagte sie, »gute Reise.«

Ich schaute.

Sie lachte.

Ich verstand.

ZU DRITT

Am Sonntagmorgen erklang in Hell's Kitchen ein Donnern, Scheppern und Grollen, ein Knerren und Granken, es hörte sich an wie das Ende der Welt. Nach einigem Überlegen beschloss ich, eine Ermittlung einzuleiten, und erhob mich vom Bett, in dem ich sonntags gern länger als sonst weile, um Druckerzeugnisse aller Art zu studieren. Ich hatte geplant, mir nach Lektüre der *New York Times* die Zeit mit dem neuen Kriminalroman einer kapriziösen Hamburger Autorin namens B. zu vertreiben, mich dann jedoch in den Gedichten von C.P. Cavafy festgelesen (natürlich in der neuen Übersetzung von Evangelos Sachperoglou), was ich nur erwähne, weil es nahezu unmöglich ist, etwas Prätentiöseres über seinen Sonntagmorgen zu behaupten. Da nun jedoch offenbar die Apokalypse dräute, warf ich mir den Morgenmantel über und schlurfte rüber zum Balkon.

Ich wohne an der 51st Street, und ich sah, dass ein mehrstöckiges Gebäude in der 52nd Street eingestürzt war. Die Feuerwehr war bereits da, ebenso die Polizei, es ist ein Wahnsinn, wie schnell die in New York reagieren. Entgegen meiner Gewohnheit steckte ich mir eine Morgenzigarette an.

Normalerweise rauche ich erst abends. Ich schaute aufs Desaster, rauchte, verließ den Balkon, entledigte mich des Morgenmantels, und dann kleidete ich mich an und begann die Ermittlung.

Ich fand heraus, dass das eingestürzte Gebäude renoviert

wurde und dass die Renovierung offenbar zu großzügig vonstattenging. Neben dem Gebäude stand ein Zelt, das den »Farmer's Market« beherbergte, in dem ich seit meiner Ankunft in Manhattan das Gros meines Gemüses kaufte. Ich liebe den »Farmer's Market«, und ich fragte einen Polizisten, der an der Absperrung vor dem Gebäude stand, ob der »Farmer's Market«, jemals wiederkommen werde. »Keine Ahnung«, sagte der Polizist.

Wie eventuell schon erwähnt, wohne ich in einem ehemaligen Schwesternwohnheim. Dessen Foyer wurde früher oft von Drogenabhängigen als zweite Heimstatt benutzt, deshalb haben wir abends einen Pförtner. In dieser Woche war es Alberto. »Hast du den Einsturz mitbekommen?«, fragte ich ihn. »Klar«, sagte er, »und das Problem ist, dass Unglücke immer zu dritt kommen.« Ich sagte: »Was meinst du?« Er sagte: »Warte ab.«

Am Montag zerschellte ein Hubschrauber auf einem Haus an der Kreuzung von 51st Street und 7th Avenue, ich konnte die Flammen vom Balkon aus sehen. Der Pilot starb. Ich dachte an Albertos Prophezeiung.

Mitte der Woche begannen Handwerker, die Wohnung meines direkten Nachbarn James McManus auszuräumen und zu renovieren. Er ist 84 Jahre alt und war lange, nun ja, »Gewerkschafter«. Er galt als einer der Bosse von Hell's Kitchen, das früher der irischen Mafia gehörte. »Wann kommt James zurück?«, fragte ich die Handwerker. »Oh«, sagten sie, »Mr. McManus ist leider gestorben.«

KNEBELVERTRAG

Nachdem ich, was nun auch schon wieder eine ganze Weile her ist, nach Hell's Kitchen gezogen war, suchte ich als Erstes eine Bar, an deren Tresen man es gut aushalten kann. Das gelang rasch. Als Zweites machte ich mich auf die Suche nach einem Fitnessstudio. Ich plante, einen langjährigen Knebelvertrag zu unterschreiben und nach circa drei Wochen nie wieder hinzugehen. So habe ich es an all meinen Wohnorten gehalten, die Methode hat sich bewährt. Ersten Recherchen zufolge schien die einzige Frage zu sein, ob ich einen extrem teuren Vertrag abschließen würde oder einen grotesk teuren, garniert mit einer Aufnahmegebühr, von der man in Houston, Texas, ein Haus kaufen kann.

Ich schaute mir mehrere Studios an und sagte den Studiomenschen jedes Mal, dass sie definitiv in der engsten Wahl seien. Wochenlang machte ich das, was viel damit zu tun hatte, dass ich es sehr genoss, nicht ins Fitnessstudio zu gehen und trotzdem keine Mitgliedsbeiträge zu bezahlen. Dieses Gefühl kannte ich gar nicht mehr.

Die Studios wurden nervös. Sie schrieben mir Mails. Wenn ich jetzt sofort zum Unterschreiben des langjährigen Knebelvertrags erschiene, halbierten sie die Aufnahmegebühr. Eine Woche später boten die Ersten an, auf die Aufnahmegebühr zu verzichten.

Die Kette Equinox lockte mich mit einem, wie sie schrieb, für New Yorker Verhältnisse sensationell günstigen Monatsbeitrag von 185 Dollar. Dafür wurden nach Eukalyptus duftende Handtücher versprochen. Leider hat die Filiale in Hell's Kitchen sonntags zu. Das hätte mir egal sein können, weil ich eh nicht vorhatte hinzugehen, es störte mich aber, weil ich mir für 185 Dollar im Monat selbst aussuchen will, wann genau ich nicht hingehe.

Ein Studio mit dem Namen TMPL (meinen Hinweis, dass sie da offenbar gleich zweimal den Buchstaben »E« vergessen hätten, quittierten sie mit einem Gesichtsausdruck völliger Verständnislosigkeit) konterte mit einem Monatsbeitrag von 179 Dollar. TMPL scheint allerdings nicht so richtig zu laufen, heute verscherbeln sie die Mitgliedschaft für lächerliche 119 Dollar im Monat. Ich weiß das, weil sie mir immer noch einmal pro Woche schreiben. Flehentlich, bilde ich mir ein.

Damals entdeckte ich beim Erkunden der Gegend zufällig ein Studio namens Planet Fitness, gleich bei mir um die Ecke. Das hatte ich bis dahin übersehen. Ich ging hinein und fragte nach den Preisen. Sie sagten, es koste zehn Dollar im Monat und ich könne jederzeit kündigen. Sie hätten rund um die Uhr geöffnet. Ja, ich hätte richtig gehört, ZEHN Dollar im Monat. Nein, die Sache habe keinen Haken.

Ich quittierte diese Information mit einem Gesichtsausdruck völliger Verständnislosigkeit. Dann unterschrieb ich den Vertrag und gehe seither jede Woche zweimal trainieren, weil es einfach zu billig wäre, nicht hinzugehen.

VEGAS

Vor einem halben Jahr hatte mein furchtloser Freund S. aus Los Angeles angerufen und angekündigt, dass er im Sommer seinen 40. Geburtstag in Las Vegas feiern werde. Ich tat so, als hätte ich das nicht gehört. Ich verfüge, wenn ich das so unbescheiden sagen darf, über ein ausgezeichnetes Gehör, und dennoch gehört es zu meinen speziellen Fähigkeiten, so zu tun, als hätte ich nichts gehört. »Die Jungs fliegen alle ein«, sagte S. Ich blickte in den Himmel, der über Hell's Kitchen an den meisten Tagen von ganz besonderem Blau ist. »Die Party geht über zwei Tage«, sagte S. Der Himmel über Hell's Kitchen ist meist einen Tick heller als schlumpfblau, er ist genau richtig. »Und du bist dabei«, sagte S.

Niemand, der noch ein paar Restlatten am Zaun hat, feiert mit S. in Las Vegas Geburtstag. S. ist eine Maschine. Wenn er in Las Vegas eintrifft, raucht er dort gemeinhin zunächst ein paar schultütengroße Joints, verdrückt anschließend mehrere Pizzen der Sorte »Acht Käse mit Extra-Käse«, die er mit zwei Eimern Bier hinunterspült, dann kippt er ein paar Verdauungsschnäpse und sagt: »So, Jungs, jetzt gehen wir was Richtiges trinken.«

In dem Film »The Hangover« von 2009 geht es um einen Junggesellenabschied in Las Vegas. Am Morgen danach können sich alle an nichts erinnern. Einem der Männer fehlt ein Schneidezahn. Im Badezimmer hockt ein Tiger. Alle haben Kopfschmerzen, als steckten ihnen Granatsplitter im Hirn.

Ich bin sicher, dass das Drehbuch auf einer Party basiert, die S. in Las Vegas geschmissen hat und später als »eher ruhigen Abend« bezeichnete. Die Sache kam für mich also nicht infrage.

Nicht ganz klar ist mir im Rückblick, wie es passieren konnte, dass ich Mitglied einer von S. gegründeten WhatsApp-Gruppe namens »Vegas« wurde und Ende der vergangenen Woche zur Penn Station marschierte, dort einen Zug zum Flughafen Newark bestieg und wenig später an Gate C 72 saß, wo um kurz nach drei der Flieger nach Las Vegas abdocken sollte.

Als es hieß, der Flug habe 90 Minuten Verspätung, setzte ich mich in eine Bar und bestellte eine Cola light und zwölf Austern. Als es gegen vier Uhr hieß, der Flug gehe erst um sechs, bestellte ich eine Cola light und ein Steak. Als es gegen fünf Uhr hieß, der Flieger gehe erst um acht, bestellte ich eine Cola light und Käsekuchen.

Um kurz nach sieben schlenderte ich rüber zum Gate, wo sich ein aufgebrachter Mob versammelt hatte, der die Flughafenleute beschimpfte. Als sie gegen halb acht durchsagten, der Flug werde gestrichen, ging ich erneut in die Bar, bestellte ein Bier und trank es in einem Zug aus. Dann fuhr ich zurück nach Hause. Während ich im Zug saß, trudelten in der WhatsApp-Gruppe namens »Vegas« die ersten Bilder der Party ein, und ich war erfüllt von dieser einzigartigen Mischung aus Wehmut und Erleichterung.

Happy Birthday, S.

ZEUG

Das Telefon klingelte. Unterdrückte Nummer. Ich mag es nicht, wenn mich Leute mit unterdrückter Nummer anrufen, und ich ginge niemals ran, wenn nicht einige Apparate einer gewissen *Süddeutschen Zeitung*, bei der ich in Lohn und Brot stehe, ebenfalls bei Anrufen keine Rufnummer sendeten.

Unterdrückte Nummer heißt immer: Es könnte jeder dran sein, aber vielleicht eben auch die Kollegen. Die Kollegen rufen meist an, weil sie Texte wollen. Manchmal rufen sie auch an, um eine Einschätzung zu den sehr großen Fragen unserer Zeit einzuholen, was wohl daran liegt, dass sie glauben, man könne diesbezüglich in Hell's Kitchen den besseren Blick entwickeln.

Kürzlich klingelte zum Beispiel der großartige Kollege N. vom Feuilleton durch und fragte mit einer Stimme, in der große Dringlichkeit lag, wie es um die Zukunft des TSV 1860 München bestellt sei. Ich suchte in meinem Inneren. Ich dachte lange nach. »Manche Fragen«, sagte ich schließlich, »sind zu groß für eine Antwort.«

Als es diesmal mit unterdrückter Nummer klingelte, ging ich ran und sagte: »Hallo?« Manchmal sage ich auch: »Ja, bitte?« Seinen Namen sagt man jedenfalls weder in England noch in den USA, wenn man sich meldet. Eine Männerstimme mit New Yorker Akzent fragte: »Willst du das Zeug jetzt?«

Ich sagte: »Wer spricht da?«

»Willst du das Zeug jetzt oder nicht?«

»Sie haben wohl die falsche Nummer erwischt.« Stille.

»Nein, das ist die richtige Nummer.«

»Ich fürchte, das ist sie nicht.«

»Doch, das ist sie.«

»Nein, das ist sie nicht.«

»Doch! Das ist sie!«

Okay, dachte ich. Come on. One more time.

»Nein, ist sie nicht.«

»Doch, das ist sie.«

Ich war sicher, dass ich einen Drogendealer dran hatte, der an den falschen Adressaten geraten war. Ich habe, so fad das ist, mit Drogen nie etwas anfangen können, ich kiffe nicht mal. Ist einfach nichts für mich. Ich beschloss, in die Offensive zu gehen.

»Okay, was für ein Zeug hast du da?« Stille. »Was für ein Zeug du da hast, hab ich gefragt?« Stille.

»Willst du mich verarschen?«

»Nein, ich will wissen, was für ein Zeug du da hast.« Stille.

»Willst du das Zeug oder nicht?«

»Sie könnten womöglich die falsche Nummer erwischt haben.«

»Nein, das ist die richtige Nummer.«

»Ich fürchte, das ist sie nicht.« Stille.

»Willst du das Zeug oder nicht?«

Nicht immer sind die sehr großen Fragen unserer Zeit so einfach zu beantworten. Ich legte auf.

DÜNNE FÄDEN

Auch wenn es Nacht wird im Sommer in Hell's Kitchen, ist es niemals still. Auf den Dächern der umliegenden Häuser röhren die Klimaanlagen, durch die Straßen bollern die Müllwagen, ein ewiges Beschleunigen und Bremsen. Wenn Unentschlossenheit einen Sound hätte, wäre es der eines nächtlichen Müllwagens in New York. Abend für Abend zieht der Lärm hinauf auf den Balkon meiner bescheidenen Bleibe im 17. Stockwerk eines ehemaligen Schwesternwohnheims, auf dem ich sommers bis weit nach Mitternacht sitze und darüber nachdenke, wo genau in meinem Leben ich die andere Abzweigung hätte nehmen sollen.

Oft höre ich dabei Radio. Wäre ich nicht Schreibmensch sondern Sprechmensch, würde ich mir Hörer wie mich wünschen. Ich höre jeden Tag mindestens acht Stunden Radio, und das mache ich so, seit ich der Pubertät entwachsen bin. Vermutlich weiß ich alles, was ich weiß, aus dem Radio. Ich habe zudem ein Faible für schöne Stimmen. Einmal fuhr ich in einem nachtblauen Polo Fox von Kiel nach München, und im Radio erzählte eine Frau davon, wie gefährlich es sei, einen Kugelfisch zu essen. Eine Stunde lang ging das so. Die Frau hatte die schönste Stimme der Welt. Glücklicher war ich selten.

In dieser Woche war ich mal wieder im Rudy's. Ich lernte Dimitri aus Dnjepropetrowsk kennen, Heimat des großen Fußballklubs Dnjepr Dnjepropetrowsk. Dimitri sagte, er werde in New York investieren. Ob ich einsteigen wolle? Ich gebe zu, dass ich manchmal schwer von Begriff bin, aber ich weiß, dass schlaue Investoren eher nicht im Rudy's nach Teilhabern suchen.

Vor fast anderthalb Dekaden habe ich mit zwei Freunden ein Büchlein über Fußball verfasst, in dem neben allerlei anderem Unsinn auch die Behauptung steht, dass selbst die besten Radiosprecher der Welt nicht dazu in der Lage seien, den Namen »Dnjepr Dnjepropetrowsk« dreimal hintereinander unfallfrei auszusprechen. Eines Abends saß ich auf meinem Balkon in München, natürlich lief das Radio, es war die Zeit der Fußball-WM in Deutschland, und einer der Radiosprecher sagte, er habe in einem gewissen Buch gelesen, dass angeblich niemand dazu in der Lage sei, »Dnjepr Dnjepropetrowsk« dreimal hintereinander unfallfrei auszusprechen. Anschließend sagte er es dreimal hintereinander unfallfrei auf. Sieh an, dachte ich, die Welt wird offenbar doch durch dünne Fäden zusammengehalten.

Ich erzählte Dimitri aus Dnjepropetrowsk die Geschichte. »Okay«, sagte er, »aber willst du investieren?« Ich sagte: »Vielleicht, wenn du es dreimal sagst.« Daraufhin sagte er dreimal hintereinander »Dnjepr Dnjepropetrowsk«, und es klang in vielerlei Hinsicht wie nichts, was ich jemals zuvor gehört hatte.

HOME CENTER

Ein Leben in Hell's Kitchen wäre unvorstellbar ohne das »West Side Home Center«. Der Laden ist nur so groß wie eine Eckkneipe, aber er beherbergt sämtliche nicht essbaren Produkte der Welt. Wann immer ich feststelle, dass in meiner bescheidenen Bleibe oder in meinem Leben etwas fehlt, schlendere ich die 9th Avenue hinauf bis zur 52nd Street und schreite durch die offen stehende Tür. Anfangs fragte ich noch höflich, ob sie Dosenöffner, italienische Kaffeemaschinen, Neonröhren, Grillkohle, Blumenerde, Schubladengriffe, Aufnahmegeräte, Regenschirme, Akkuschrauber, Wassergläser, Notizbücher, Adapter, Unterlegscheiben, Tischventilatoren oder Weinregale hätten. Heute frage ich nur noch, wo die Sachen stehen.

Ich habe lange darüber nachgedacht, ob ich in einem Laden, der alles hat, eine größere Bedeutung erkennen müsste. Ob es vielleicht ein Ort ist, an dem die Meridiane zusammenlaufen, so wie im Rudy's. Das West Side Home Center wird von einer iranischen Einwandererfamilie betrieben, deren ältere Mitglieder hinter den beiden Verkaufstresen herumlungern, während die jüngeren immer neuen Kram in die Regale räumen. Bleistiftspitzer. Schubladenauslegpapier. Incredibly Strong Gorilla 100 % Tough Super Glue. Brillenputztücher.

Zugegeben, ich gehe auch ins West Side Home Center, wenn ich nicht festgestellt habe, dass etwas fehlt. Dann quetsche ich meinen fülligen Leib durch die Gänge, blicke prüfend auf Moskitonetze, vergleiche Wandfarben und bringe ein wenig Ordnung ins Zahnstochersortiment. Ich tue das, weil ich weiß, dass ich die Dinge hier ebenso finde, wie sie mich finden: Spülmaschinenpulver (keine Tabs), grasfarbene Teppichstücke (ist eine längere Geschichte), Rückenkratzer, die Antwort auf die Frage, ob erst der Tee in die Tasse kommt oder erst die Milch.

In dieser Woche ließ ich mir im West Side Home Center neue Schlüssel machen, weil meine Schlüssel die Neigung haben, sich im Schloss zu verbiegen wie Knete. Der Schlüsselmacher trug ein Trikot von Borussia Dortmund. »Deutscher Klub«, sagte ich. Er ignorierte mich und schliff den ersten Schlüssel. »Ich komme aus Deutschland«, sagte ich. Er tat so, als hätte er nichts gehört. Ob ich vielleicht, fragte ich in vornehmstem Englisch, hier in Hell's Kitchen auf einen iranischstämmigen Anhänger des Ballspielvereins Borussia 09 e.V. aus Dortmund getroffen sei?

Er hielt inne und blickte auf. »Schlüssel alle Schlösser?«, fragte er. Ich sah auf den halb fertigen Schlüssel. Ich sah die Reisebügeleisen auf den Regalen. Ich sah die Kühlschrankmagneten neben der Kasse, die Klebepistolen. Ich sah die grünen Gießkannen, die Handstaubsauger, und ich sagte, obwohl ich keine Ahnung hatte, was es bedeutete: »Ja. Schlüssel bitte alle Schlösser.«

NANCY WHISKEY

Kürzlich saßen mein Freund V., der Fremdenführer, und ich im Nancy Whiskey, einer Bar in Lower Manhattan, die, wie der Name zart andeutet, mit einer soliden Auswahl an gebrannten Getränken aufwartet. V. geht, soweit ich das überblicke, nicht oft ins Nancy Whiskey, vielleicht gar seltener als ich. Öfter geht er ins Rudy's. Oder er geht in die White Horse Tavern ganz unten in Manhattan (es gibt noch eine zweite im West Village), weil er von dort rasch an der Fähre nach Staten Island ist, die ihn allabendlich nach Hause trägt. Aus V.s Sicht ist der größte Nachteil am sonst rundheraus großartigen Rudy's, dass sie dort kein Guinness zapfen, er aber über die Jahrzehnte seinen Stoffwechsel geduldig so modifiziert hat, dass dieser ohne Guinness eher holprig läuft.

An diesem Abend hatte ich V. nach dem Ende seiner Tour am World Trade Center getroffen, und es war offenbar eine anstrengende Gruppe gewesen, denn er sagte: »Wir gehen sofort rüber ins Square Diner und essen was. Keine Diskussion.« Die Köche und Bedienungen des Square Diner sind Mexikaner, Spezialität des Hauses ist trotzdem das griechische Hühnchen-Gyros mit Pommes. V. bestellte Pfannkuchen mit Blaubeeren, woraus ich schloss, dass seine Gruppe wirklich sehr anstrengend gewesen sein musste.

Nach dem Essen lotste er mich wortlos ins Nancy Whiskey. Wenn er eine sehr anstrengende Tour hinter sich hat, redet V. zunächst nur spärlich. Unterbrochen wird sein

Schweigen eigentlich nur, wenn er einen lange wartenden Gedanken endlich bis ans Ende durchgedacht hat. Nach rund 30 Minuten im Nancy Whiskey, das erste Guinness ging zur Neige, sagte er: »In der Kniekehle kratzt mich der Klettverschluss meiner Bandage.« Ich nickte.

Neben uns ließ sich ein Mann namens Dave nieder, der sich ungefragt vorstellte und begann, ohne Unterlass zu reden. V. ging das ersichtlich auf die Nerven, und obwohl er eigentlich schon mehr als genug geredet hatte, sprach er Dave direkt an. Er bat ihn höflich, doch bitte seine gottverdammte Fresse zu halten. Dave sagte: »Wusstet ihr, dass Hitler persönlich gegen den Mord an den Juden war?« V. sah ihn an. Er hatte erkennbar keinen guten Tag hinter sich, und jetzt saß so ein Arschloch neben ihm.

Er winkte die Barfrau heran. Er zeigte auf Dave und schüttelte den Kopf. Mehr tat er nicht. Sie verwies Dave der Bar. V. bestellte per Handzeichen das zweite Guinness. Ich sagte: »Das hast du da gerade gemacht?« Er nahm einen großen Schluck, man sah, wie das Leben in ihn zurückkehrte.

»Ja«, sagte er, »das habe ich da gerade gemacht.«

VON A NACH B NACH H

Manchmal muss ich Hell's Kitchen verlassen, und das fällt mir zunehmend schwerer. Ich rede nicht davon, dass ich mal einen Abend rüber nach Brooklyn fahre, wo viele meiner Freunde wohnen, was daran liegt, dass es eine Zeit gab, in der Brooklyn viel günstiger war als Manhattan. Mittlerweile kann man in Teilen Manhattans für weniger Geld wohnen als in Teilen Brooklyns, vor allem, wenn man sich, um mal irgendein Beispiel zu nennen, für eine bescheidene Bleibe im 17. Stockwerk eines ehemaligen Schwesternwohnheims in Hell's Kitchen entscheidet statt für ein Loft mit Flussblick in Williamsburg. Ich rede auch nicht davon, dass ich kurz rauf nach Harlem schaue, wo der Fotograf W. Wohnstatt bezogen hat, dessen Fähigkeiten am Herd ebenso fantastisch sind wie an der Kamera. An manchen Tagen, wenn die Götter es gut mit mir meinen, bewegen sie W. dazu, in Hell's Kitchen anzurufen mit der Frage, ob ich am Abend auf einen Teller Nudeln mit Wodka-Soße vorbeikommen wolle. Die richtige Antwort lautet, unter absolut allen Umständen: Ja.

Im Moment befinde ich mich auf einer kleinen Dienstreise, und ich bin erstaunt darüber, wie sehr ich Hell's Kitchen vermisse. Im Grunde denke ich, was die großen Bewegungen angeht, man reist von A nach B nach C und immer so weiter, und irgendwann hat man seinen letzten Buchstaben erreicht, und das ist genau gut so.

Vor knapp zwei Wochen, kurz vor Beginn meiner kleinen Dienstreise, kam ich vom Einkaufen im Amish Market zurück. Ich spazierte am Briciola vorbei, einem italienischen Restaurant, dem ein schwer tätowierter Franzose namens Cy vorsteht. 16 Uhr, Lunch war vorbei, Dinner hatte noch nicht begonnen. Cy saß auf der Bank vor dem Lokal und entspannte. »Christian«, rief er mit seinem harten Akzent, als er meiner gewahr wurde. Er pflegt den Akzent, obwohl er seit 20 Jahren hier lebt. »Setz dich zu mir«, sagte er. Ich setzte mich zu ihm.

Cy erzählte zum vierten oder fünften Mal, dass die Brasilianerin vom Restaurant gegenüber seine große Liebe ist. Ich erzählte zum vierten oder fünften Mal, dass ich in diesem Sommer auf meinem Balkon klitzekleine grüne Chilis gezüchtet habe. Nach einer Weile holte Cy zwei Gläser vom Hauswein, wir tranken und redeten, so verging eine Stunde. Die Klimaanlagen surrten, ein Wind zog durch die Straße, von drüben winkte die Brasilianerin, wir winkten zurück, und aus einer, wie mir schien, Laune heraus fragte ich: »Kannst du hier je wieder weggehen?« Cy lachte kurz auf. Er schaute mich an, er hob sein Glas und gab keine Antwort, weil er natürlich wusste, dass die Frage nicht an ihn gerichtet war.

REGELN

Wenn ich in Amerika auf Reisen bin, gibt es zwei Regeln. Regel Nummer eins: Ich gehe zu einem örtlichen Friseur, ganz gleich, wie der Laden aussieht und ob ich wirklich einen Haarschnitt brauche. Ich bin sicher, dass es exzellente Friseure in den USA gibt, es gibt hier ja prinzipiell alles in herausragend und in mies. Mit nahezu unfehlbarem Gespür finde ich jedoch die miesen Friseure, und ich glaube, im Ernst, dass das gut für mein Karma ist.

Reiseregel Nummer zwei: Immer, wenn ich einen Schuhputzer sehe, lasse ich mir die Schuhe putzen. Implizit führt Regel Nummer zwei natürlich zu Regel Nummer drei, die da lautet, dass ich nicht in Turnschuhen reisen kann, weil ich dann nicht zum Schuhputzer könnte. Zum Schuhputzer zu gehen gehört aber zu den tollsten Dingen, die man auf Reisen tun kann, das ist sogar noch einen Tick besser fürs Karma, als zum Friseur zu gehen.

In Montgomery, Alabama, putzte mir ein Mann die Schuhe, der neben einer Bürste und einem vom Schmutz bretthart gewordenen Poliertuch ausschließlich Spucke und Wasser benutzte. Das sei ein sehr altes Rezept seiner sehr alten Mutter, sagte er. In Las Vegas, Nevada, putzte mir eine Frau die Schuhe, die mit acht verschiedenen Bürsten acht verschiedene Cremes und Polituren auftrug. Ich gab ihr ein monströses Trinkgeld, denn wenn man in Las Vegas mit frisch geputzten Schuhen am Blackjack-Tisch sitzt und dafür ein monströses Trinkgeld rübergeschoben hat, kann man nicht verlieren. Alte Regel.

In Las Cruces, New Mexico, zog mir der Schuhputzer neue Schnürsenkel in die Schuhe und sagte: Geht aufs Haus. In Flagstaff, Arizona, bot mir der Schuhputzer ein Glas Whiskey an (es war zehn Uhr morgens, ich lehnte ab). In Austin, Texas, kam ich am Stand eines Schuhputzers vorbei, der Musik von *The Grateful Dead* in einer Lautstärke spielte, die vermutlich in Houston, ebenfalls Texas, zu Beschwerden führte. Die Schlange am Stand war so lang, dass ich schweren Herzens in ungeputzten Schuhen weiterlief.

Hier in Hell's Kitchen heißt mein Friseur Robert, und ich habe immer noch nicht herausgefunden, ob er beim Schneiden zittert, weil er noch nicht genug getrunken hat oder schon zu viel. In dieser Woche war es so schlimm, dass ich sofort wieder gehen wollte. Aber dann schaute Robert auf meine Schuhe, und er sah, dass ich als einziger Bewohner von Hell's Kitchen Lederschuhe trage. »Wir haben einen neuen Service«, sagte er, »zum Haarschnitt gibt's das Schuhputzen dazu.«

Ich setzte mich in den Frisierstuhl, Robert übergab meine Schuhe an einen Kollegen und begann, zitternd zu schneiden. Als er fertig war, das Ergebnis wie immer verheerend, brachte sein Kollege die blank gewienerten Schuhe. Robert war irrsinnig stolz. Ich bedankte mich, gab ein monströses Trinkgeld und trat aus dem Laden auf die 9th Avenue, von Kopf bis Fuß exakt der Mann, der ich sein wollte.

DER BLAUE HUND

Hell's Kitchen befand sich in dieser Woche in Aufruhr, weil die Isländerin zu Besuch war. Innerhalb kürzester Zeit hatte sie die Hälfte der Einwohner des Viertels bezaubert. Die wachen Leserinnen und die aufmerksamen Leser werden sich daran erinnern, dass die Isländerin mich eine Weile begleitete, als ich vor geraumer Zeit das Land in einem Chevrolet Tahoe von Küste zu Küste durchquerte. Ich bin mir sicher, dass sie bis heute in weiten Teilen des südöstlichen Amerikas vermisst wird.

Da die Fügung sie nun in die schwüle Sommerhitze New Yorks geweht hatte, zeigte ich ihr all die geheimen Orte, und für den letzten Abend, ihr Flug ging erst um zehn, hatte ich das Rudy's aufgespart. Als wir den Laden betraten, saß mein Freund V., der Fremdenführer, am Tresen und unterhielt sich mit einem Paar aus Manchester, England, obwohl er, wie er mir zuraunte, kein Wort verstand. Der Akzent von Manchester ist etwas eigen.

Die Isländerin kannte nach wenigen Minuten den halben Tresen und wies mich beiläufig darauf hin, dass über dem Regal mit den Hotdog-Brötchen ein Gemälde des Malers George Rodrigue hänge, der eines Tages beschlossen hat, in fast jedem seiner Bilder einen blauen Hund mit gelben Augen unterzubringen.

Mir war das Bild noch nie aufgefallen, also fragte ich V., ob es neu sei. V. geht seit mehr als 20 Jahren ins Rudy's.

»Habe das Bild hier noch nie gesehen«, brummte er, während das Manchester-Paar auf ihn einredete. Ich fragte Yolanda, die Barfrau, seit wann das Bild da hänge. Yolanda schaute auf das Bild. »Ah«, sagte sie, »das alte Bild.« Sie arbeitet länger im Rudy's, als V. dort trinkt.

Damals, auf unserer Reise, machten die Isländerin und ich halt in Lafayette, Louisiana, und wir kehrten im Blue Dog Café ein. George Rodrigue hat lange in Lafayette gelebt, in dem Lokal hängen Dutzende seiner Bilder. Der blaue Hund schaut einem von allen Wänden beim Essen zu. Da die Isländerin binnen Minuten mit dem halben Blue Dog Café ins Gespräch vertieft war, erfuhren wir, dass der blaue Hund einmal in einer Werbung für einen schwedischen Wodka verwendet wurde und dass Rodrigues Sohn André gerade da war. Der gab uns dann eine Führung durchs Café und erzählte alles über die Bilder und seinen Vater.

Ich erzählte V. die Geschichte. Er sah die Isländerin an, er sah das Bild an, er sah mich an, er bestellte bei Yolanda drei Stella, wir hoben die Gläser, das Paar aus Manchester schloss sich an und sagte etwas Unverständliches.

Dann war es Zeit.

Yolanda bestellte ein venezolanisches Taxi, denn, sagte sie, das seien die besten Taxis. Das Taxi kam, die Isländerin stieg ein, das Taxi fuhr, und wir im Rudy's, wir in Hell's Kitchen – wir blieben zurück. Aber immerhin, sagte V.: Wir haben jetzt einen Hund.

PARKLIFE

Meine Spaziergänge durch den Central Park beginnen immer links unten am Columbus Circle. Es ist ein Glück, dass meine bescheidene Bleibe lediglich zehn Minuten vom Park entfernt liegt, dadurch ist er gewissermaßen mein Garten geworden. Mindestens einmal pro Woche durchmesse ich ihn in seiner Gänze, oft auch zwei- oder dreimal pro Woche. Es gibt, abgesehen vielleicht von einer gewissen Schrottbar, auf die hier nicht näher eingegangen werden soll, keinen besseren Ort in New York.

Durch den Central Park zu spazieren ist immer gut fürs Gemüt. Aber wenn mir, was selten vorkommt, der Missmut am Mundwinkel zerrt und nieselnder November in die Seele einzieht, dann erfrischt so ein Spaziergang Herz und Hirn und überhaupt alles wie eine große Fahrt über das Meer.

Vom Columbus Circle geht's rüber zu den Heckscher Ballfields, wo Menschen, die absolut nicht Baseball spielen können, Baseball spielen. Dann laufe ich zu einer Allee namens »The Mall«, von deren Rand Statuen von Schriftstellern auf die Passanten blicken. Gleich zu Anfang stehen die schottischen Giganten Robert Burns und Walter Scott einander in Bronze gegenüber. Da ich aus Gründen, die sich heute nicht mehr ganz nachvollziehen lassen, einst an der Universität von Edinburgh unter anderem schottische Literatur studiert habe, beglücke ich meine Besucher an dieser Stelle des Parks mit Rezitationen von Burns-Gedichten und setze zu diesem Zweck einen lächerlichen schottischen Akzent auf. Habe ich ausnahmsweise gerade keine Besucher, falle ich wildfremden Passanten damit auf die Nerven.

In der Unterführung vor der Bethesda Terrace spielen oft sagenhaft gute Musiker, und zu diesem Zeitpunkt ist die Laune des Spaziergängers schon wieder exzellent. Dann gilt es, das Nadelöhr an der Bow Bridge zu passieren, wo sich fast immer ein Idiot findet, der das Lied »Careless Whisper« von *Wham!* auf dem Saxofon spielt. Außerhalb von Jazzbands sollten Saxofone verboten werden.

Weiter, fast vorsichtig, sehr allmählich, durch »The Ramble«, den wildesten Teil des Parks, in dem es sich trefflich heimlich rauchen lässt. Ausgreifenden Schrittes passiere ich danach das Wasserreservoir in der Mitte des Parks auf der rechten Seite, schlendere durch den Conservatory Garden, der über einen italienischen, einen französischen und einen englischen Teil verfügt, sitze anschließend eine Weile am Harlem Meer, ganz im Nordosten, und denke über alles nach, bis ich raufflaufe zur 110th Street, die, wie sollte es sonst sein, nach Bobby Womacks Song »Across 110th Street« benannt ist, einem der besten Lieder der Geschichte.

Dort besteige ich den C-Train zurück nach Hause, nach Hell's Kitchen, vielleicht nie als neuer, aber jedes Mal als glücklicherer Mann.

JAMES

Der Ein-Dollar-Pizza-Laden um die Ecke auf der 9th Avenue hatte kürzlich beschlossen, künftig 1,25 Dollar für ein Stück Pizza zu verlangen. Lange galt in Hell's Kitchen die Regel, dass ein Stück Pizza mit Tomate und Mozzarella so viel kostet wie ein Ticket für die U-Bahn. Es war eine ungeschriebene Regel, aber sie war ehern. Ebenso ungeschrieben war die Regel, dass man beim Gehen auf dem Bürgersteig eine Geschwindigkeit von fünf Kilometern pro Stunde nur bei körperlichen Gebrechen unterschreitet, ferner die Regel, dass in Hell's Kitchen die irische Mafia bestimmt, wo's langgeht.

Diese drei Regeln hielten Hell's Kitchen zusammen. Die älteren Bewohner des Viertels, die man zum Beispiel im Rudy's trifft, behaupten gern, dass die Zeit der ehernen Regeln vorbei sei. Aber das stimmt nur zum Teil.

Schon klar: Der Pizzamarkt ist so umkämpft, dass er sich längst von der U-Bahn entkoppelt hat. Ein Ticket für die Subway kostet 2,75 Dollar. Ein Stück Pizza mit Tomate und Mozzarella kostet einen Dollar. Aber diese Regel gehört heute zu den neuen Grundfesten von Hell's Kitchen. Sie ist ungeschrieben, aber sie ist ehern. Und ja: Auf den Bürgersteigen herrscht oft Stau, wegen der 65 Millionen Touristen, die jährlich nach New York kommen. Aber die Bewohner des Viertels halten trotzdem ihr Tempo.

Die irische Mafia? Habe sich zur Ruhe gesetzt, heißt es

im Rudy's, weil ihre großen Bosse alle tot seien. Einer der letzten Bosse war mein Nachbar James McManus, der sich jüngst zu den ewig grünen Hügeln verabschiedet hat. Wenn ich ihn, während wir auf seinem Balkon einen Jameson ohne Eis tranken, zur Geschichte der irischen Mafia in Hell's Kitchen befragte, versicherte er mir in seinem singenden Akzent, dass es hier nie eine irische Mafia gegeben habe. Darauf stießen wir an.

Als damals die Trauergemeinde nach der Gedenkfeier mit einer Geschwindigkeit von exakt fünf Kilometern pro Stunde durch Hell's Kitchen marschierte, zurück zu dem ehemaligen Schwesternwohnheim, in dem sowohl James als auch ich eine bescheidene Bleibe gefunden hatten, passierten wir den Ein-Dollar-Pizza-Laden, der annoncierte, dass er seine Stücke künftig für 1,25 Dollar zu verkaufen gedenke. »Oh«, sagte ein mir unbekannter Mann mit irischem Akzent, »das hätte James nicht gewollt.«

Wir zogen weiter, in James' Wohnung, wo wir auf den Toten tranken. Ich fragte den mir unbekannten Mann nach der irischen Mafia und James' Rolle darin, und er lächelte. »Eine irische Mafia«, sagte er in seinem singenden Akzent, »hat es hier nie gegeben.« Darauf stießen wir an.

Vier Wochen später verkaufte der Laden auf der 9th Avenue die Pizza wieder für einen Dollar das Stück.

GELB UND WEISS

Der New Yorker Sommer ist vorbei. Er war, so wird er das zumindest selber finden, sehr groß. Er zeichnete sich wie immer durch zu hohe Temperaturen und eine immense Schwüle aus. Es gefällt ihm, wenn die ganze Stadt nicht nur unter der Hitze stöhnt, sondern auch schwitzt und deshalb in Räume flieht, deren Klimaanlagen auf die Einstellung »Arktis« herunterreguliert wurden, was dazu führt, dass sich ausnahmslos alle sofort erkälten. Der New Yorker Sommer kennt keine Mitte. Aber jetzt ist er vorbei.

Zumindest fast.

Den herrlichen Frühling, der mit milden Winden und zarter Sonne glänzte, hatte er im späteren Mai von einem Tag auf den anderen abgelöst. Es war, als hätte der Sommer dem Frühling aufgelauert und ihn mit einem einzigen Hieb k. o. geschlagen, um ihn dann in einen Teppich einzurollen und unauffällig – wobei der Sommer im besten Fall so unauffällig daherkommt wie ein 30-Tonnen-Truck in einer Spielstraße – bis auf Weiteres in einem Kellergeschoss verschwinden zu lassen. Der New Yorker Sommer kann den Frühling nicht leiden, weil alle hier den Frühling lieben und im August sogar so weit gehen, die Stadt unter explizitem Verweis auf die Unerträglichkeit des Sommers zu verlassen.

Im August sind hier nur Touristen und der Kolumnist einer gewissen Zeitung aus dem Süden von Deutschland unterwegs, was den Sommer dazu bewegt, die Temperatur und vor allem die Luftfeuchtigkeit diesen entscheidenden Tick hochzufahren.

Er tut das, weil er zutiefst gekränkt ist von der Flucht der Einheimischen. In puncto Eitelkeit steht der New Yorker Sommer einem gewissen, pathologisch narzisstischen Ex-Präsidenten der Vereinigten Staaten in nichts nach. Aber immerhin jammert er nicht die ganze Zeit. Er lässt es im August noch einmal krachen, dann tritt er ab.

Er macht natürlich nicht einfach Platz für den Herbst, der mit den Farben daherkommt und einer Stimmung, die alle Gedanken tiefer werden lässt. Er übergibt stattdessen an etwas, das der unvergleichliche Kurt Tucholsky so beschrieben hat: »Wenn der Sommer vorbei ist und die Ernte in die Scheuern gebracht ist, wenn sich die Natur niederlegt, wie ein ganz altes Pferd, das sich im Stall hinlegt, so müde ist es – wenn der späte Nachsommer im Verklingen ist und der frühe Herbst noch nicht angefangen hat: dann ist die fünfte Jahreszeit.«

Hier in Hell's Kitchen schaue ich während der fünften Jahreszeit auf ein Licht, das sich nicht entscheiden kann zwischen Gelb und Weiß. Das Brüllen des Sommers hallt noch, aber ich nehme es nicht mehr ernst.

Auf dem herrlichen Balkon meiner bescheidenen Bleibe sitze ich und blicke auf dieses unentschlossene Licht. Dabei atme ich aus leise wogender Brust.

WORTLOS

Ich verlasse Hell's Kitchen ungern. Warum auch? Es gibt hier ja alles. Den Amish Market, der einem Kaninchenbau gleicht. Regelmäßig müssen dort Suchtrupps ausrücken, um Touristen aufzugreifen, die so tief ins Innerste des Marktes vorgedrungen sind, dass sie tagelang den Ausgang nicht finden. Meistens irren sie bei den Regalen mit den hartgekochten Eiern oder denen mit Knäckebrot herum. Neulich war das große Thema im Viertel, dass einige Touristen in den Bereich vorgestoßen seien, in dem die eingelegten Anchovis lagern. Selbst Stammkunden wagen sich dort nur unter Begleitung einer Führerin hin.

Außerdem gibt es in Hell's Kitchen einen Friseurladen namens »Rafik's Barber Shop«, in dem Robert mir mit zitternden Händen Frisuren verpasst, ferner die exzellente Schrottbar Rudy's, von der aus verschiedenen Gründen nicht verraten werden kann, wo sie genau liegt.

Ich habe jahrelang meditiert, auf der Suche nach den Pfeilern des Glücks. Ich ging in meine Tiefen. Ich brütete Tag für Tag, und dann, und so stelle ich mir den Moment vor, in dem ein angehender Zen-Mönch sein erstes Koan löst – es handelt sich, sehr verknappt gesagt, bei einem Koan um eine Art Welträtsel –, fand ich diese drei Pfeiler: verwinkelter Supermarkt, zitternder Friseur, Geheimbar.

Wenn man in seinem Viertel diesen Dreiklang gefunden hat, will man nicht mehr weg. Außer mal für zwei, drei Stunden, um durch den Central Park zu spazieren. Nun trug es sich aber zu, dass ich einst, es mag der Leichtfertigkeit der Jugend geschuldet gewesen sein, mit einer gewissen Zeitung einen Pakt einging, der, ich paraphrasiere, besagte, dass ich allerlei Artikel schreibe und die Zeitung mir dafür Geld gibt. Im Prinzip ein tadelloses Arrangement, aber es führt dazu, dass die Zeitung alle naselang anruft und mich durch Amerika schickt. In dieser Woche: nach Washington, D.C.

Noch während der Hörer nach dem Gespräch wieder der Gabel zustrebte, raste ich zur Penn Station und bestieg den Zug nach D.C. In diesem fand ich den letzten freien Sitzplatz an einem Vierertisch und begann ein Gespräch mit meinen Nachbarn. Allerdings: Ich war in den Ruhewagen geraten. Es dauerte rund zwei Minuten, bis eine Frau an unseren Tisch kam. »Ich will hier nicht die Anwältin des Ruhewagens sein«, sagte sie, obwohl sie exakt das sein wollte, »aber das ist der Ruhewagen, Sie dürfen hier nicht sprechen.« Ich lächelte höflich. »Sie übertreiben vielleicht«, sagte ich, »wir reden ja nur leise.« »Ich übertreibe NICHT«, rief sie. Ich schaute sie an wie ein Zen-Mönch, der jüngst sein erstes Koan gelöst hat, und lächelte noch höflicher. »SIE MÜSSEN SCHWEIGEN«, brüllte sie.

Ich hatte Reiseproviant dabei, Knäckebrot, hart gekochte Eier und eingelegte Anchovis. Wortlos bot ich ihr davon an.

GEBURTSTAG

Das Bürotelefon klingelte. Es ist schwarz, es war ein Montag. Ich nahm den Hörer von der Gabel.

»Ja?«, sagte ich.

»V. hier. Hast du schlechte Laune?«

»Natürlich.«

»Es ist so lustig, wenn du schlechte Laune hast.«

»Was gibt's?«

»Bruce Springsteen hat Geburtstag. Wird heute 70.«

Ist es nicht unfassbar? Springsteen ist nur drei Jahre jünger als Donald Trump, und wenn man nun Springsteen ansieht und dann Trump – es ist unfassbar. Ich legte auf.

Das Telefon klingelte.

»Ja?«

»Du hast aus Versehen aufgelegt.«

»Ich hab schlechte Laune.«

»Wir gehen ins Rudy's und hören die ganze Zeit Springsteen. Keine Widerrede. In einer Stunde am Tresen.«

»Ich hab keine Zeit. Ich muss arbeiten.«

»Arbeiten, klar. In einer Stunde.«

Ich hatte keine Lust auf Springsteen, obwohl ich ihn mag. Ich hatte nicht mal Lust aufs Rudy's, obwohl ich es liebe. Also beschloss ich, den Abend in meiner bescheidenen Bleibe zu verbringen und dabei – maximal – einen Springsteen-Song zu Ehren des Geburtstags zu hören. Vielleicht »Atlantic City«.

Eine Stunde später durchschritt ich Hell's Kitchen, bis ich das Rudy's erreichte. Türsteher Tracy Westmoreland, der in Statur und Aussehen einem ausgewachsenen Grizzly gleicht, sah sofort, dass ich eine Scheißlaune hatte. Er sagte:

»Hi, Christian. Ausweis.«

»Tracy, geh mir jetzt bitte nicht auf die Nüsse.«

»AUSWEIS.«

Ich hatte natürlich keinen Ausweis dabei. Also gab ich ihm die Rabattkarte der Sullivan Street Bakery in der 11th Avenue (Ecke 47th Street). Die machen grandioses Brot. Und wer zehn Brote kauft, kriegt eins umsonst. Tracy musterte die Karte. Er steckte sie ein.

Drinnen stand mein Freund V., der Fremdenführer, mit Marlon, dem Jazzmann. Marlon ist, so erzählt man es sich in Hell's Kitchen, der einzige Mensch, der mehr Zeit am Tresen des Rudy's verbracht hat als V.

»Seid ihr echt wegen des Geburtstags hier«, fragte Marlon. Er bestellte Biere für V. und mich, das macht er sonst nie. »Ich habe die Jukebox geladen, wir hören eine Stunde lang seine Musik«, sagte Marlon. Ich seufzte.

Nach zehn Sekunden des ersten Liedes war ich verwirrt. Nach 20 Sekunden hatte ich eine Ahnung. Nach 30 Sekunden verstand ich, dass John Coltrane am gleichen Tag Geburtstag hat wie Bruce Springsteen.

BALKON

Das Beste an der bescheidenen Bleibe, die ich in Hell's Kitchen gefunden habe, ist der Balkon. Ich verbringe viel Zeit auf diesem Balkon und studiere dort, mehrmals in der Woche, die verschiedenen Blautöne des Himmels. In einer Stadt wie New York braucht man ein paar Rituale, um nicht durchzudrehen.

Der Balkon ist, ehrlich gesagt, nur eine mit welliger Teerpappe ausgelegte Freifläche, die von einem wackligen Geländer umgeben ist. Alle zwei Monate schleppt Hausmeister Giovanni Colon eine Inspekteurin auf den Balkon, die am Geländer rüttelt und vorsichtig auf die Blasen tritt, die sich unter der Teerpappe gebildet haben.

»Sollte man sich mal drum kümmern«, sagt sie jedes Mal.

»Das ist überhaupt nicht nötig«, sage ich immer.

Wenn man eines in New York auf keinen Fall will, dann ist es, dass sich jemand mal um etwas kümmert. Ich habe tagelang in mit Plastikfolie eingepackten Möbeln gelebt, weil sich jemand um einen neuen Anstrich kümmern sollte. Niemand kam. Einmal bauten sie ein Gerüst auf meinen Balkon und hängten einen Korb an Seilen dran auf, in dem ein Fassadenreiniger an der Fassade auf und ab fahren sollte, um ebenjene zu reinigen. Nicht ein einziges Mal hat jemand diesen Korb bestiegen, und nach vier Monaten haben sie das Gerüst kommentarlos abgebaut. Ich dachte damals, das passt gut zu einer Stadt, in der viele irre sind, aber niemand lebensmüde.

Ende letzter Woche sagte Giovanni, es sei so weit. Jemand würde die Blasen unter der Teerpappe wegmachen und ein paar Schrauben ins Geländer drehen. Das Ganze sei in drei, vier Tagen vorbei.

»Das ist wirklich überhaupt nicht nötig, Giovanni«, sagte ich.

»Wir machen das für dich«, sagte Giovanni. Er nannte mich »Chris«.

Ich habe womöglich vergessen zu erwähnen, dass ich auf dem Balkon einen Garten angelegt habe. Ich ziehe Tomaten, Chilis, Bohnen, dazu habe ich einen Hibiskus, der fortwährend Blüten hervorbringt und abwirft, als fast manisches Symbol des Werdens und Vergehens. Es mag ein kleiner Garten sein, aber es ist ein Zen-Garten.

Am Sonntag habe ich den Garten abgebaut. Ich habe ihn komplett in meine Wohnung verlagert, in der kein Platz dafür ist. Am Montag sollten draußen die Arbeiten beginnen. Nichts geschah. Auch am Dienstag geschah nichts. Mittwoch passierte: nichts. Am Donnerstag legten sie im Treppenhaus und in meiner Wohnung Pappe aus, damit sie keine Fußabdrücke hinterlassen würden auf dem Weg zum Balkon. Das ist offenbar Vorschrift. In diesem Moment dachte ich, dass sie niemals wiederkommen würden.

REGEN

Vergangene Woche hatte Hausmeister Giovanni angekündigt, dass auf meinem Balkon Reparaturen anstünden. Er habe organisiert, dass einige Handwerker die Blasen unter der Teerpappe wegmachten und ein paar Schrauben ins Geländer drehten. Es gehe sofort los, und nach drei bis vier Tagen sei alles vorbei. Hm, dachte ich.

Giovanni ist ein sehr guter Hausmeister, vor allem, weil er mit Cicero ein Anhänger der »otium cum dignitate« ist, der würdevollen Muße. Der Nachteil ist, dass er sich um fast nichts kümmert, was im Haus passiert. Der Vorteil ist, dass er sich um fast nichts kümmert, was im Haus passiert.

Es ist zum Beispiel verboten, auf dem Balkon zu grillen. Dass ich ganzjährig sowohl einen Gas- als auch einen Holzkohlegrill betreibe, wenn nicht gerade extreme Minusgrade herrschen, ignoriert er. Wenn ich mit einer neuen Gasflasche an ihm vorbeilaufe, die unverkennbar für den verbotenen Grill bestimmt ist, sagt er einfach: »Hey, Chris.« Giovanni ist so sehr ein Mann der Muße, dass er meinen Vornamen nicht komplett ausspricht.

Dass er nun angeblich etwas »organisierte«, war untypisch, und ich hatte umgehend die Befürchtung, dass diese Arbeiten niemals über den Status der Ankündigung hinauskommen würden. Das wäre mir unter normalen Umständen egal gewesen, ich mag es sogar, wenn die Dinge allein in der Halbwelt des Gesagten existieren. In diesem Fall aber bedeutete Giovannis Organisation, dass ich meinen Garten samt der beiden Grills abbauen und in mein Wohnzimmer verpflanzen musste, um Platz für die Arbeiten zu schaffen.

Als sich nach eineinhalb Wochen kein Arbeiter auf dem Balkon gezeigt hatte, fragte ich per SMS nach.

»Chris«, schrieb Giovanni, »Wetter!«

»Gio!«, schrieb ich. Sonst nichts.

Das wirkte, er kam sehr ausnahmsweise in meiner bescheidenen Bleibe im 17. Stock vorbei, obwohl er derart lange Reisen ungern unternimmt.

»Chris«, sagte er, »die Arbeiter können erst beginnen, wenn es eine Woche lang nicht geregnet hat, weil die Teerpappe komplett trocken sein muss.«

»Giovanni«, sagte ich, »es gibt in New York zwischen Oktober und Mai keine Woche, in der es nicht mindestens einmal regnet.«

Giovanni schaute überrascht. Er wirkte, als durchlebe er in seiner Erinnerung noch einmal all die nassen Herbste, all die kalten Winter und jeden feuchten Frühling. »Das stimmt«, sagte er schließlich. Damit war die Angelegenheit für ihn erledigt, er machte sich auf die Rückreise, den ganzen Weg hinunter bis in den zweiten Stock.

Ich blickte auf die Gartentische im Wohnzimmer, auf die Blumenkübel und die Blumentöpfe, auf den eingeklappten Sonnenschirm und auf die beiden weiß gestrichenen Eisenbänke. Ich blickte auf die Grills. Dann spannte ich den Sonnenschirm auf und goss die Blumen.

HAARE

Mein Kumpel Alexander Pepperman, der gern redet und deshalb im Hauptberuf Schauspieler ist und im Nebenberuf einer der besten Barmänner Manhattans, erklärt mir oft, dass ich nicht alle Latten am Zaun hätte, wenn ich an seinem Tresen erscheine. Das liegt daran, dass ich, wenn ich auf Reisen bin, nicht anders kann, als beim seltsamsten Barbershop am Ort reinzuschauen, um mir einen Haarschnitt verpassen zu lassen. Oft sehe ich daher so aus, als hätte ich mich selbst mit der Heckenschere frisiert.

Als ich Mitte dieser Woche in Peppermans Bar einkehrte, schaute er mich an und seufzte. Man muss Besuche in dieser Bar sehr gut dosieren, denn man verliert dort das Gefühl für Zeit und Raum, und immer, wenn man gerade gehen will, kommt ein neuer Gast an den Tresen und erklärt die Welt.

»Unfassbar, wie mies du schon wieder aussiehst«, sagte Pepperman.

»Danke, ich weiß«, sagte ich.

Pepperman ist Anfang 30, er sieht irre gut aus, die Frauen am Tresen vergöttern ihn. Aber seine Haare lichten sich. Vermutlich wird er mit 35 eine Glatze tragen. Ich hingegen habe, als die Götter am Anbeginn der Zeit die Haare verteilten, wohl gerade an was anderes gedacht und nebenbei immer die Hand gehoben, wenn noch eine Ladung Haar vergeben wurde, weshalb ich nicht nur über behaarte Handrücken verfüge, sondern auch über einen vollen Schopf. Wenn Pepperman kritisiert, dass ich diesen Schopf in groteske Formen schneiden lasse, sage ich: »Alex, ich mache das, weil ich es kann.«

Ich habe mir in Kalifornien, in Alabama und in Texas miese Haarschnitte abgeholt. In South Carolina und in Arizona. Dennoch bleibt mein Stammbarber Robert in Hell's Kitchen der schlechteste Friseur, den ich kenne. Vielleicht war er mal ein guter Friseur, aber seine Hände zittern oft sehr stark, und die Flasche Wodka, die er im Regal stehen hat, lässt mich vermuten, dass er in seinen Zitterphasen entweder zu wenig oder zu viel getrunken hat.

Kürzlich hat wenige Meter rechts neben Roberts Laden ein neuer Barbershop aufgemacht, mit jungen, agilen, womöglich nüchternen Friseuren, mit einer modernen Einrichtung und mit einem Schild, auf dem »Hair Lounge« steht. Der Laden ist immer voll. Als ich mich Anfang dieser Woche aufmachte, um ihn mal auszuprobieren, traf ich Robert auf der Straße, der mit zitternden Händen vor seinem Laden ein paar Zigaretten rauchte.

»Hi Robert«, sagte ich, »wie läuft's?«

»Hi Christian«, sagte Robert.

Ich rauchte eine von seinen Zigaretten, und er erzählte mir zum ungefähr zehnten Mal vom angeblich legendären Konzert der Band *Foreigner* im Madison Square Garden von 1979.

»Ich hatte das nicht schon mal erwähnt?«, fragte er.

»Absolut nein«, sagte ich.

»Haarschnitt?«, fragte er.

»Unbedingt«, sagte ich.

KANADA

Von Hell's Kitchen nach Kanada ist es nicht weit. Also nahm ich ein Taxi zum Flughafen LaGuardia, was keine dreißig Minuten dauert, bestieg dort ein Flugzeug, in dem ungefähr so viel Platz war wie in einer Kernspinröhre, und ein Stündchen später stand ich am Flughafen von Toronto, wo ich auf die Frage der Grenzbeamtin, was ich in Kanada wolle, antwortete: »Ach, ich treffe bloß ein paar Freunde.«

Grenzbeamte sind erstaunliche Menschen. Sie haben einen Sinn dafür, ob man die Wahrheit sagt oder nicht. Ich hatte bis dahin keine Freunde in Kanada, was für die Grenzbeamtin offenbar auf den ersten Blick ersichtlich war. Ich habe eine sehr schlaue kanadische Freundin namens L., aber die wohnt in New York, wo sie manchmal tolle Bücher schreibt und manchmal tolle Bilder malt. Vermutlich wusste die Grenzbeamtin auch das.

Die Wahrheit war, dass ich ein bisschen was über die gerade anstehenden Wahlen in Kanada schreiben wollte und mich zu diesem Zweck mit ein paar Menschen in Toronto und in Ottawa verabredet hatte. Keine Ahnung, warum ich das nicht einfach sagte, vielleicht hatte der Flug in der Winzmaschine nicht nur meinen massigen Körper gestaucht, sondern auch mein in jeder Hinsicht nicht ganz so massiges Hirn.

»Haben diese Freunde Namen?«, fragte die Grenzbeamtin.

»Ja, klar«, sagte ich.

Ich kramte das Handy aus meiner zu eng sitzenden Tweedjacke, die ich einst in Edinburgh erstand, als mein Körper weniger massig war. Ich öffnete die Mails und las ein paar Namen vor.

»Sie müssen im Handy nachschauen, wie Ihre Freunde heißen?«, fragte die Grenzbeamtin.

»Ja, klar«, sagte ich.

Okay, zugegeben, so cool war ich nicht. Ich erzählte sofort die ganze Wahrheit. Sollte ich jemals in ein Verhör geraten, in dem ich etwas vertuschen muss, würden mich die Verhörleute nach zehn Sekunden knacken. Ich lüge lächerlich schlecht. Das ist in manchen Situationen von Nachteil, aber in meinem Beruf ist es eigentlich ganz gut.

»Sie lügen wirklich lächerlich schlecht«, sagte die Grenzbeamtin lächelnd, »schönen Aufenthalt.«

Ich sprach mit dem üblichen Mix aus Politikerinnen, Taxifahrern, Professoren, Strateginnen, Straßenmusikern und Barfrauen. An einem Abend aber hatte ein Freund von L. ein Künstlertreffen organisiert und mich dazu eingeladen, damit ich mehr über Kanada erfahre. Fünf Stunden lang redeten wir über alles. Ich habe die halbe Welt bereist, und noch nie bin ich so aufgenommen worden in einem neuen Land.

Tags drauf stand ich am Flughafen in Ottawa. Wenn man von Kanada in die USA fliegt, sitzen die US-Grenzbeamten auf der kanadischen Seite.

»Was haben Sie in Kanada getan?«, fragte der Grenzbeamte.

»Ach, ich habe bloß ein paar Freunde getroffen«, sagte ich. Er winkte mich durch.

RISSE

Die Lederjacke habe ich in Kiel gekauft und in Edinburgh erstmals flicken lassen. Sie hatte damals einen kleinen Riss am Ärmel. In Belfast ließ ich ein neues Innenfutter einziehen. In München kamen jedes Jahr zwei, drei neue Flicken dazu. In London war die Jacke so porös geworden, dass sie zur besten Freundin eines Schneiders in Belsize Park wurde, weil sie ihm ein regelmäßiges Einkommen bescherte.

Alle drei, vier Wochen riss das Leder irgendwo, und alle drei, vier Wochen nähte der Schneider neue Flicken drauf. Die Jacke wurde dicker und dicker, und mit jedem neuen Flicken wurde es mir unmöglicher, mich von ihr zu trennen.

»Du wirst diese Jacke noch tragen, wenn wir längst nicht mehr zusammen sind«, sagte K. einmal.

»Wir werden immer zusammen sein«, sagte ich.

»Genau das meine ich«, sagte sie.

Ich trug die Lederjacke tatsächlich fast immer, außer, es war zu naheliegend. Wenn ich zum Beispiel Interviews mit Rock- oder Popmusikern führe, was nicht oft, aber doch gelegentlich vorkommt, trage ich grundsätzlich einen Anzug. Als ich Jimmy Page traf, den Gitarristen der Band *Led Zeppelin*, trug ich einen grauen Dreiteiler, dazu ein hellblaues Hemd mit dunkelblauer Krawatte und ein Einstecktuch. Es ist wichtig, dass das Einstecktuch nicht die Farbe und schon gar nicht das Muster der Krawatte hat. Es muss das Motiv der Krawatte aufnehmen, aber es darf es auf keinen Fall kopieren. Als Musiker verstand Page das sofort.

Phil Collins traf ich in einem hellen Sommeranzug mit fast unsichtbarem Karomuster. Weißes Hemd. Gefährlich dünne Krawatte in Grün. Collins wollte als Erstes wissen, wo man exakt diesen Anzug bekommt. Zum Gespräch mit Art Garfunkel erschien ich in einem Nadelstreifenanzug von Paul Smith. Das Innenfutter hat Smith komplett psychedelisch gestaltet. Garfunkel fiel das umgehend auf. Er liebte es.

Man kann eine Lederjacke, die so lange mit einem gereist ist, nicht einfach wegschmeißen. Man muss ihr ein würdiges Ende bereiten. Also zog ich sie in dieser Woche ein letztes Mal an und spazierte, nein: Ich schritt von meiner bescheidenen Bleibe in Hell's Kitchen rüber zum Central Park. Die Ärmel waren unflickbar verloren, im Rücken klafften zwei faustgroße Löcher. Sie war tot.

Wir kamen über den Columbus Circle in den Park, das ist die beste Route, vorbei an den Rikschafahrern, vorbei an allem. Am Eingang der Prachtallee The Mall, die von Ulmen und Statuen gesäumt wird, hielten wir inne. Ich blickte nach Südosten, wo K. in 7082 Kilometern Entfernung in Afrika arbeitete, und ich nickte ihr zu.

Dann zog ich die Jacke ein letztes Mal aus und bettete sie am Denkmal des größten Lederjackendichters, der jemals lebte. Ich bettete sie zu Füßen von Robert Burns.

COLD AS ICE

Seit vier Wochen bekomme ich Komplimente für meinen Haarschnitt. Das ist insofern erstaunlich, als mein Stammfriseur Robert mir die Haare schnitt. Wie gewohnt zitterten seine Hände, aber diesmal vollbrachte er ein Wunder. Vielleicht hat er gemerkt, dass ich zumindest halbherzig darüber nachgedacht hatte, nun doch zu den guten Friseuren abzuwandern. Zum Beispiel zur »Hair Lounge«, drei Häuser weiter.

Der Nachteil an Roberts irre gutem Haarschnitt war, dass ich alle zwei Minuten auf die Frisur angesprochen wurde. Nach den Kommentaren zum Haarschnitt dauerte es dann noch zwei, drei Sekunden, bis den Leuten meine Tweedjacke auffiel. Kürzlich hatte ich meine Lederjacke von ihren irdischen Mühen erlösen müssen, seither ist die Tweedjacke zur Hauptjacke geworden. Sie ist, wiewohl sie sich zu eng an meinen massigen Körper schmiegt, ein Kleidungsstück von so unauffälliger Lässigkeit, dass sie den Betrachter und vor allem die Betrachterin mit innerem Frieden erfüllt.

Entsprechend dauerte es eine Weile, als ich in dieser Woche die 9th Avenue hinunterspazierte, auf dem Weg ins Rudy's. Auf dem Weg traf ich wie immer Robert, der mit zitternden Händen vor der Tür des Friseurladens stand und rauchte. Es war einer dieser Herbsttage in Hell's Kitchen, an denen der Himmel höher hängt und das Licht von goldenen Fäden durchzogen wird.

Wir sprachen mal wieder über das Konzert der Band *Foreigner*, das er einst im Madison Square Garden gesehen hat. Eine Weile dachte ich, das Konzert habe 1979 stattgefunden. Das hatte ich offenbar nicht ganz sauber auf die Kette gekriegt, denn nun erklärte Robert, er habe das Konzert im November 1978 gesehen, an Thanksgiving. Als erstes Lied habe die Band »Cold as Ice« gespielt. »Das tut mir leid«, sagte ich und schüttelte seine zitternde Hand.

Endlich vorm Rudy's angekommen, begrüßte mich Türsteher Tracy Westmoreland: »Hey, du hast ausnahmsweise einen erwachsenen Haarschnitt.«

Am Tresen saß mein Freund V., der Fremdenführer. »Wieso hast du einen guten Haarschnitt?«, fragte er.

Yolanda, die Barfrau, rauschte vorbei und hielt inne. »Christian«, sagte sie, »irgendwas stimmt nicht.«

»Nein«, sagte ich, »alles okay. Ich nehme ein ... «

» ... Stella«, sagte sie.

Als sie das Stella brachte, sagte sie: »Guter Haarschnitt.«

Der Vorteil an spektakulär guten Haarschnitten ist, dass sie wieder rauswachsen. In diesem Jahr ist Thanksgiving am 28. November. Viele Amerikaner arbeiten dann nicht. Robert arbeitet. Wir haben vereinbart, dass er mir zum 41. Jahrestag des Konzerts von Foreigner eine neue Frisur verpasst.

AGE-OTORI

Nachdem ich kürzlich erwähnte, dass meine Tweedjacke ein Kleidungsstück von so unauffälliger Lässigkeit sei, dass sie den Betrachter und vor allem die Betrachterin mit innerem Frieden erfülle, hat mich eine erstaunliche Menge an Leserpost erreicht. Ich bekomme öfter Post, mehr von Frauen als von Männern, aber in der Regel geht es dabei um die großen Themen.

Vor einigen Wochen schrieb zum Beispiel Leserin R., sie habe bei einem Besuch in New York zufällig das Rudy's entdeckt, eine exzellente Schrottbar, von der aus verschiedenen Gründen nicht verraten werden kann, wo sie genau liegt. Türsteher Tracy Westmoreland habe sie nach ihrem Ausweis gefragt, und es sei dies der schönste Moment ihres Aufenthalts gewesen.

Regelmäßig fragen Leserinnen, ob sie eine Tour bei meinem Freund V., dem Fremdenführer, buchen könnten (klar, jederzeit). Andere erkundigen sich beiläufig, ob mein Anwalt, mit dem ich vor einigen Monaten durch Amerika reiste, wirklich so unverschämt gut aussehe (leider ja). Hingegen hat noch nie jemand gefragt, ob ich einen Termin bei Robert vermitteln könne, meinem zitternden Friseur.

Dafür schrieb Leser S., ich zitiere, »dass die Verschlechterung der Haargesamterscheinung durch Friseure und dgl. ein kulturübergreifendes Phänomen« sei. In Japan gebe es dafür ein eigenes Wort.

»Age-otori« bedeute, nach einem Haarschnitt schlechter auszusehen als vorher. Da ich nicht auf der Brennsuppe dahergeschwommen bin, glaubte ich das natürlich nicht. Das wäre einfach zu gut, um wahr zu sein. Dennoch übergab ich die Angelegenheit den Japan-Experten am Tresen des Rudy's zur Prüfung. Nach längeren Beratungen, während deren sie mich eine Runde ausgeben ließen und dann noch eine, beschieden sie, dass es das Wort im zeitgenössischen Japanisch nicht gebe, dafür aber im alten Japanisch, und es bedeute tatsächlich, was Leser S. geschrieben habe. Behutsam fügte ich es in meine Sammlung außergewöhnlicher Wörter ein.

Was nun die Tweedjacke angeht: Es schrieben diesbezüglich ausschließlich Männer. Leser M. bat um ein Foto der Jacke. Er wolle sich schon lange eine zulegen. Leser G. schrieb, er suche seit Jahren nach einer Jacke von unauffälliger Lässigkeit. Leser P. bat um die Adresse des Geschäfts. Und immer so weiter. Es formte sich in mir der Eindruck, dass es unter deutschen Männern einen erhöhten Tweedjackenbedarf gibt, und deshalb verrate ich diese Adresse gern: Ich habe die Jacke bei Walker Slater in der Victoria Street in Edinburgh gekauft.

Der Leserin R. schrieb ich hingegen, dass die Adresse des Rudy's bitte unbedingt, unter allen Umständen und auf jeden Fall unter uns bleiben müsse. Sie versicherte, sie niemals zu verraten. Und falls sie jemand frage, warum nicht, werde sie antworten: aus verschiedenen Gründen.

FERNOST

Das Bürotelefon klingelte. Es ist schwarz. Wenn das Bürotelefon klingelt, ist entweder eine gewisse *Süddeutsche Zeitung* in der Leitung oder mein Freund V., der Fremdenführer. Ich ließ es eine Weile klingeln.

Alle anderen Menschen rufen mich auf dem Mobiltelefon an, und auch die chinesischen Ansagemaschinen haben offenbar die Nummer meines Bürotelefons noch nicht rausbekommen, weshalb sie ein- bis zweimal am Tag mobil durchklingeln. Leider weiß ich nicht, was die chinesischen Ansagemaschinen von mir wollen, da ich kein Chinesisch spreche. Vielleicht unterbreiten sie mir Angebote, die man nicht ablehnen kann, vielleicht wollen sie auch nur ein wenig plaudern.

Nach dem elften Klingeln hob ich den Hörer von der Gabel.

»V. hier«, sagte V., »wir treffen uns um 18 Uhr in der Beauty Bar im East Village.«

»Wir waren noch nie in der Beauty Bar im East Village«, sagte ich.

»Eben«, sagte V.

Offenbar hielt er das für eine ausreichende Erklärung. Er legte auf.

Wenn die chinesischen Maschinen anrufen, steht im Display des Telefons »Scam Likely«, was sich recht frei mit »Beschiss wahrscheinlich« übersetzen lässt. Ich gehe trotzdem jedes Mal ran und lausche. Die Maschinen sprechen sanft und melodisch, fast immer haben sie Frauenstimmen. Manchmal bilde ich mir ein zu verstehen, dass ich jetzt eine Zahl drücken soll, und dann drücke ich immer die Acht, aber nie passiert etwas.

Ich drücke die Acht, weil ich weiß, dass die Chinesen sie sehr gerne mögen, da sie für Wohlstand steht. Als China zuletzt Olympische Sommerspiele veranstaltete, begannen diese am 08.08.2008 um 20.08 Uhr. Ich war damals in Peking und erwähnte gegenüber einer vermutlich zu meiner Überwachung abgestellten, Deutsch sprechenden Chinesin, dass ich am 20. August Geburtstag habe. In jenem olympischen Jahr also: 20.08.2008. Auch der Hinweis darauf, dass ich bereits verheiratet war, brachte sie nicht von der Idee ab, mich jetzt und dort zu ehelichen, weil sie sich sicher war, dass dank meines Geburtsdatums dereinst große Reichtümer auf mich regnen würden.

Ich nahm den E-Train zur 14th Street und dann den L-Train rüber ins East Village, spazierte ein paar Meter und hockte mich neben V. an den Tresen. Er hatte gerade eine Tour beendet, was bedeutet, dass er erst einmal nicht spricht. Ich bestellte zwei Bier. In der Beauty Bar kontrolliert der Barmann alle Ausweise, bevor er Bier rausrückt. Er blickte auf mein Geburtsdatum, er blickte mich an. »Wir sind auf den Tag genau gleich alt«, sagte er, »dann geht die erste Runde gleich mal auf mich.«

»Sieh an«, sagte ich zu V., »hatte die Chinesin damals also doch recht.«

»Muss ich das verstehen?«, fragte V.

»Absolut nein«, sagte ich und hob mein Glas gen Fernost.

VERSTÄRKER

Seit ich in New York lebe, verbringe ich Thanksgiving bei Heidi P. In meinem ersten Jahr hatte ich meiner Freundin S. gegenüber erwähnt, dass ich plane, Thanksgiving lesend und vor allem allein zu verbringen.

S. sagte: »Das kommt überhaupt nicht infrage.«

Für die meisten Amerikaner ist es unvorstellbar, dass jemand Thanksgiving allein verbringt. S. hörte sich also ein bisschen um, und bald stapelten sich in meinem E-Mail-Postfach Einladungen von Menschen, die ich nie zuvor getroffen hatte. Amerikaner können vieles sein, manchmal zum Beispiel irre toll. Ich bedankte mich bei allen und sagte ab. Heidi P. schrieb, ich könne auch spontan noch kommen, falls ich es mir anders überlegte.

An besagtem Thanksgiving nahm ich den Roman *Der Liebhaber ohne festen Wohnsitz* von Carlo Fruttero und Franco Lucentini aus dem Regal, ein Buch, das man alle paar Jahre mal wieder lesen sollte, obwohl es beim ersten Mal am eindrücklichsten ist, weil man das Ende, das man so was von kommen sehen müsste, einfach nicht kommen sieht. Zugegeben, es ist etwas kitschig, aber das macht nichts, denn es ist auch schlau, zart, verwegen und komisch auf eine Weise, die einen in den Herzkammern lächeln lässt.

Diesmal aber schien zwischen den Zeilen ein dritter Erzähler zu sitzen, der mir beständig zuraunte: »Du kannst auch spontan noch kommen.« Nach einer Stunde gab ich auf, packte zwei Flaschen Wein in eine Tasche und nahm die Subway von Hell's Kitchen runter nach Soho. Heidi P. stellte mich allen vor, unter anderem ihrem Lebensgefährten R., der schottisch-philippinischer Abstammung ist, einem Mann namens Dave, genannt »Wavy Davey«, der sich in puncto Trunkenheit bereits in unmittelbare Nähe des Bereichs »volle Strandhaubitze« vorgearbeitet hatte (ein Bereich, den ein weiterer Gast namens Pam, genannt »Drunk Pam«, offenbar vor geraumer Zeit betreten hatte). Außerdem anwesend waren weitere, allesamt hochneurotische Mitglieder der Familie P., ein paar angeduselte Stammgäste der Bar um die Ecke, die tatsächlich noch einen Tick besser ist als das Rudy's, weshalb ich nicht einmal ihren Namen verraten werde, sowie der japanische Elektriker Nori K., der Englisch mit einem so ausgewählten Akzent spricht, dass niemand auch nur ein einziges Wort versteht. Ich war ungemein stolz, Teil dieser Runde sein zu dürfen.

Seither lese ich jedes Jahr an Thanksgiving so lange im *Liebhaber ohne festen Wohnsitz*, bis der dritte Erzähler das Raunen beginnt, dann packe ich zwei Flaschen Wein in eine Tasche und nehme die Subway nach Soho. Heidi P. reserviert mir stets den Platz neben Nori K., neben dem wegen seines unverständlichen Akzents niemand sitzen will. In diesem Jahr plauderten Nori und ich ausgiebig über Röhrenverstärker, und es mögen ein, zwei Stunden vergangen sein, bis ich bemerkte, dass ich jedes Wort verstand.

TRINKGELD

Das Bürotelefon klingelte. Ich ließ es eine Weile klingeln, weil im Büroradio gerade eine Sendung über die amerikanische Trinkgeldkultur lief. Wenn ich in meinem zu vollgestellten Büro sitze (Teile der Balkonmöbel stehen derzeit im Büro, aber das ist eine andere Geschichte), läuft dort so gut wie immer WNYC, ein hervorragender Sender.

Die Trinkgeldkultur in den USA ist völlig außer Kontrolle. Mittlerweile fragt mich sogar der Automat zur Kartenzahlung in der örtlichen Drogerie, ob ich vielleicht ein Trinkgeld draufschlagen wolle. Ich drücke immer auf »NEIN«, aber gern drückte ich auf den leider nicht existierenden Knopf: »Habt ihr noch alle Würfel im Becher?« Ich nahm den Hörer von der Gabel.

»V. hier«, sagte mein Freund V., der Fremdenführer, »wir treffen uns um 18 Uhr im Rudy's.« Er legte auf.

Selbst wenn der Service im Restaurant miserabel war, hinterlässt man ein Trinkgeld. Man gibt dann zehn Prozent, das ist der Code für: Ich habe es gehasst. Sonst gibt man 20 Prozent. Für jedes Bier, das man trinkt, legt man einen Dollar auf den Tresen. Manche Barleute räumen das Geld sofort ab, andere warten, bis ein schöner Stapel entstanden ist. Barfrau Yolanda aus dem Rudy's schnauzt Leute, die versuchen, sich ohne Trinkgeld davonzustehlen, mit der ganzen Rigorosität ihrer 1,55 Meter so lange zusammen, bis sie die Kohle rausrücken.

Die New Yorker Taxifahrer hatten sich lange dagegen gewehrt, dass man in Taxis mit Karte bezahlen kann, weil sie fürchteten, dass sie dann weniger Trinkgeld erhielten. Die Kartenmenschen bauten in die Kartenmaschinen der Taxis daraufhin drei Trinkgeldoptionen ein: 20 Prozent, 25 Prozent und 30 Prozent. Die meisten Leute wählen tatsächlich die Mitte, weshalb die Taxifahrer mittlerweile sehr begeistert von der Kartenzahlung sind.

Im Dezember ist es üblich, die Trinkgelder mit vollen Händen zu verteilen, als Dankeschön fürs Jahr. Die Postbotin bekommt 20 bis 30 Dollar. Die Putzfrau bekommt einmal das Doppelte von dem, was es sonst kostet, obwohl das in New York schon das Doppelte ist von dem, was es sonst kostet. Der Hausmeister und sein Team bekommen 200 Dollar, man will unter allen Umständen, dass die guter Stimmung sind.

Während ich im April pleite bin, weil die Steuerbehörden mein komplettes Vermögen einziehen, bin ich im Dezember pleite, weil ich aus dem Trinkgeldgeben nicht herauskomme.

Ich traf V. wie von ihm verabredet am Tresen des Rudy's, einer exzellenten Schrottbar übrigens. Yolanda stellte uns zwei auffallend gut gezapfte Biere hin und sagte: »Geht aufs Haus. Bald ist Weihnachten.« Wir verstanden. Wir öffneten unsere bedenklich leeren Portemonnaies und legten zwei große Scheine auf den Tresen. Yolanda räumte sie umgehend ab.

PONG

Wir saßen in Jeffs Lieblingsrestaurant, dem »Alta« im Greenwich Village, als es aus ihm herausbrach: »So geht es nicht weiter. Du gehst morgen zu meinem Chiropraktiker. Ich rufe ihn jetzt sofort an.« Seit Wochen hatte ich größere Rückenprobleme, was Jeff sehr auf die Nerven ging. Das lag nicht daran, dass ihm mein körperliches Wohlbefinden so am Herzen lag, sondern daran, dass ich, wenn ich wie sonst immer nur leichte Rückenprobleme habe, exakt so gut Tischtennis spiele wie er. Man findet das nicht oft: den perfekten Gegner. Wir haben sonst nicht viel gemein, Jeff macht in Immobilien, er geht öfter auf Kreuzfahrten mit Gruppen von deutlich jüngeren Männern, gern erzählt er von seinen eingebildeten Krankheiten.

Ich habe ihn kennengelernt, weil mir eine Londoner Freundin, als ich nach New York zog, gesagt hatte: »Du musst Jeff kennenlernen.« Vermutlich hätte ich ihn kein zweites Mal getroffen, wenn wir nicht gegen Ende des Gesprächs festgestellt hätten, dass wir beide ernsthaft Tischtennis spielen, beziehungsweise »Pong«, wie Jeff zu sagen pflegt. Wir schlenderten rüber ins »Fat Cat«, wo man während des Tischtennisspielens exzellenten Jazz-Bands lauschen kann. Das Bier ist okay, der Wein ist lausig, die Tischtennisbälle sind so orange wie Donald Trump. Wir lieferten uns ein episches Match, und für Jeff war an diesem Abend klar, dass die Götter uns in Manhattan zusammengebracht hatten, damit wir einmal in der Woche Pong gegeneinander spielen.

Er rief den Chiropraktiker an und machte einen Termin. »Du gehst da ein-, zweimal hin und bist geheilt«, sagte er. Ich war etwas skeptisch. Die Osteopathin, die meine Freundin S. empfohlen hatte, berechnete 225 Dollar dafür, dass sie mir eine Viertelstunde mit einer Massagemaschine über den Rücken fuhr. Der englische Physiotherapeut am Times Square, den mein Vermieter J. mir ans Herz gelegt hatte, kostete zwar nur 110 Dollar, dafür beschränkte sich sein Einsatz darauf, mich auf ein Eiskissen zu legen. Jeffs Chiropraktiker spannte mich auf eine Streckbank, die mich zehn Minuten streckte. »Gut gemacht«, sagte er und kassierte 125 Dollar. Ich ging noch drei-, viermal hin, es brachte absolut nichts. Jeff war verzweifelt.

Da ich sein Leid nicht länger mit ansehen konnte, buchte ich einen Flug nach Deutschland, um die Sache von Profis regeln zu lassen. Die Profis beschlossen, die Sache gleich endgültig zu regeln, wovon ich mich seither erhole. Jeff schreibt täglich und will wissen, ob ich wieder so gut werde Pong spielen können wie damals. Es hat eine Weile gedauert, aber soeben war der Tag, an dem ich zurückschreiben konnte: »Komme nächste Woche zurück. Die Docs sagen, ich werde besser sein als vorher.« Ich nehme es Jeff gar nicht mal übel, dass er das für eine schlechte Nachricht hielt.

SPITAL

Ich war also nach Deutschland gereist, um mich in einen Zustand versetzen zu lassen, in dem ich Jeff wieder als ebenbürtiger Gegner im Tischtennis begegnen konnte. Ich hatte an meinem Rücken herumlaboriert, was beim Tischtennisspielen etwas hinderlich ist. Jeff ging es sehr auf die Nerven, dass wir nicht mehr spielten. Tischtennis bedeutet ihm viel, er litt unter der Situation, und da ich andere Menschen ungern leiden sehe, hatte ich den Flug gebucht.

Nun könnte man einwenden, dass ein Acht-Stunden-Flug das denkbar Mieseste für den Rücken ist. Ein berechtigter Einwand, aber es hatten sich so viele Bonusmeilen um mich herum gesammelt und gestapelt, dass ich ein Business-Class-Upgrade buchen konnte. Der Sitz ließ sich in ein komplett flaches Bett verwandeln, ich flog liegend in die Alte Welt.

Weiter könnte man einwenden, dass es auch in New York Ärzte gebe, und dieser Einwand ist ebenfalls berechtigt. Es gibt zum Beispiel Dr. V., einen Arzt, der sich bisweilen bei den US Open um die Tennisprofis kümmert. Dr. V. sagte, ich solle Hanfsalbe auf den Rücken schmieren und Vitamin D schlucken. Für diesen Rat berechnete er 460 Dollar. Zusätzlich werde er mir eine Spritze verpassen.

»1.200 Dollar okay?«, fragte er.

»Habe ich eine Wahl?«, fragte ich.

Dr. V. drückte mir einige Zettel in die Hand und schickte mich ins Sekretariat zum Bezahlen.

Die Sekretärin tippte 460 in ihren Computer, dann 1200 und dann 3700.

»Macht 5360 Dollar«, sagte sie.

»Sie haben da aus Versehen 3700 Dollar draufgeschlagen«, sagte ich.

»Das ist für den OP, in dem der Doktor spritzt.«

»Der Doktor setzt eine einfache Spritze im OP?«

»Das stimmt.«

»Und das kostet 3700 Dollar extra?«

»So ist es.«

Ich seufzte, ich zahlte, Dr. V. spritzte. Es wurde kein bisschen besser. Von weiteren Versuchen mit New Yorker Ärzten nahm ich mit Rücksicht auf meine ohnehin angespannte Finanzlage (Steuern, Trinkgelder) Abstand.

Auch in Deutschland haben mich die Ärzte in den OP verfrachtet, allerdings spritzten sie da nicht bloß. Anschließend lag ich einige Tage im Spital, wo es herrlich war, obwohl sie leider keinen Klinikfriseur hatten. Zu gern hätte ich mir vom Klinikfriseur eine Klinikfrisur verpassen lassen. Als ich entlassen wurde, fühlte sich mein Rücken gut an wie seit Jahren nicht. Die nächsten Tage verbrachte ich damit, meinen deutschen Freunden gegenüber das deutsche Gesundheitssystem zu preisen. Sie lächelten mitleidig. Ich lächelte geraden Rückens zurück.

Dann war es an der Zeit, wieder nach New York zu reisen. Obwohl sich der Sitz in ein komplett flaches Bett verwandeln ließ, flog ich aufrecht sitzend in die Neue Welt.

SILVESTERHUT

Es wäre nur leicht übertrieben, wenn ich behauptete, dass sich nach meiner Rückkehr aus Deutschland halb Hell's Kitchen nach meinem Befinden erkundigt hat. Ich hatte eine etwas zu lange Weile an meinem Rücken herumlaboriert und war nach Deutschland geflogen, um die Sache von Profis regeln zu lassen. Als ich an einem späteren Nachmittag zwischen den Jahren endlich wieder vor dem ehemaligen Schwesternwohnheim ankam, in dem ich eine bescheidene Bleibe gefunden habe, begrüßte mich Hausmeister Giovanni Colon mit der Frage, ob er mir mit meinem Koffer helfen könne. Giovanni hat, dessen bin ich mir sicher, noch nie jemandem mit seinem Koffer geholfen. Er rollte ihn zum Aufzug, drückte für mich auf den Knopf und klopfte mir zum Abschied auf den Rücken, exakt auf die OP-Narbe.

In den folgenden Tagen bot mein zitternder Friseur Robert an, mir kostenlos den Haarschnitt zu ruinieren. Nachbar Tracy Westmoreland, der in einer Schrottbar namens Rudy's den Türsteher gibt, in der man zum Bier einen Hotdog umsonst bekommt, stellte in Aussicht, mir ebendort einen Hotdog zu spendieren. Als ich dann wirklich wieder ins Rudy's ging und eine Cola bestellte, sagte Barfrau Yolanda: »Ah, sie haben dir mit der Bandscheibe auch das Hirn rausoperiert.«

Am 31. Dezember klingelte mein Bürotelefon. Es ist schwarz. Heidi P. war dran, keine Ahnung, woher sie die Nummer hat. Seit ich in Amerika lebe, verbringe ich Thanksgiving bei Heidi P. Aber nicht Silvester. Sie sagte: »Magst du vorbeikommen? Kleine Party.« Ich sagte: »Was soll ich mitbringen?«

Später am Abend packte ich zwei Flaschen Wein in eine Tasche und nahm die Subway von Hell's Kitchen runter nach Soho. Auf der Party schlief ich, da meine innere Uhr nach der Rückkehr aus Deutschland immer noch verstellt war, um elf auf dem Sofa ein.

Heidi P. versammelt auf ihren Partys eine etwas exzentrische Auswahl von New Yorkern, unter denen Wavy Davey und Drunk Pam zu den normaleren zählen. Angeführt von Heidi P.s schottisch-philippinischem Lebensgefährten R. fand sich rasch eine Einsatzgruppe, die mich, während ich vor mich hinschnarchte, mit einem Silvesterhut, Luftschlangen und einer überdimensionierten 2020-Brille verzierte. Sie fotografierten das Ensemble und verbreiteten es in diversen sozialen Medien.

Um zehn vor zwölf weckten sie mich und freuten sich über meine Ankündigung, dass ich jeden von ihnen auf ein paar Millionen Dollar Schmerzensgeld verklagen werde. Nori K., ein japanischer Elektriker, der zu den Stammgästen auf Heidi P.s Zusammenkünften gehört und von niemandem außer mir verstanden wird, sagte, dass er gern als Nebenkläger auftrete.

»Nori«, sagte ich, »du bist ein Ehrenmann.«

Die Uhr schlug Mitternacht. Nori antwortete: »Akemashite omedetou.«

KEIN ANSCHLUSS

Vermutlich, dachte ich, hat sich S. einfach eine neue Nummer zugelegt und es versäumt, der Welt davon zu erzählen. Vielleicht, dachte ich, hat sie der Welt auch mit Absicht nicht von ihrer neuen Nummer erzählt. Ist ja ein im Grunde überlegenes Konzept, ein Telefon zu besitzen, dessen Nummer niemand hat. Mein schwarzes Bürotelefon kommt diesem Ideal recht nahe, denn dessen Nummer kennen nur eine gewisse *Süddeutsche Zeitung*, mein Freund V., der Fremdenführer sowie seit Neuerem aus unerfindlichen Gründen Heidi P. Sonst, glaube ich, niemand. Ehrlich gesagt kenne nicht einmal ich selbst die Nummer, ich habe sie vergessen, aber – nicht blöd – auf dem Zettel vermerkt, auf dem ich sämtliche Passwörter und Geheimzahlen notiere.

Ich hatte mich eine Weile nicht bei S. gemeldet, weil ich unterwegs war, und ich hatte ein schlechtes Gewissen, weil es ihr nicht sonderlich gut ging, als wir zum letzten Mal sprachen. Also hatte ich, sehr bald nachdem ich nach Hell's Kitchen zurückgekehrt war, ihre Nummer gewählt. Eine etwas zu freundliche Stimme sagte: »The subscriber does not use the services anymore.« Die Teilnehmerin nutzt die Dienste nicht mehr.

Ich klingelte bei meinem alten Freund M. durch, den ich seit einer Zeit kenne, als das Telefon noch eine vergleichsweise neue Erfindung war. Er war mit seinen Söhnen mal beim Kindergeburtstag im Hause S., und S. war öfter zu Gast auf den schönen Gartenpartys von M. Auf diesen Gartenpartys standen S. und ich manchmal sehr am Rande und versuchten, so zu rauchen, dass die Kinder es nicht mitbekamen.

»Weißt du, ob S. eine neue Nummer hat?«, fragte ich.

»Nicht, dass ich wüsste«, sagte er, »aber ich schau mal.« Er hatte nur die Nummer, die ich auch hatte.

»Vielleicht war das ihr Diensttelefon«, sagte er, »sie wollte ja einen neuen Job anfangen.«

»Stimmt«, sagte ich.

Ich schrieb ihr eine E-Mail, die unbeantwortet blieb. Ich schrieb eine zweite E-Mail. Eine Woche verging. Ich wählte noch mal die alte Nummer, und wieder sagte die Stimme, dass die Teilnehmerin die Dienste nicht mehr nutze. Gibt keinen Grund, sich Sorgen zu machen, sagte ich mir. Ich bin vollkommen unbesorgt, sagte ich mir.

Ich rief M. an und sagte, dass es wirklich keinen Grund gebe, sich Sorgen zu machen. Ich persönlich, sagte ich, sei so was von unbesorgt. In diesem Moment wussten wir es vermutlich beide schon. Man spürt die Dinge, wenn einem Menschen wichtig sind.

An diesem Mittwoch erreichte mich viel zu spät und doch früh am Morgen die Nachricht, dass S. im Alter von 47 Jahren – ich weiß nicht, wie ich es sagen soll. Ich weigere mich, es zu sagen. Jedenfalls nutzt die Teilnehmerin die Dienste nicht mehr, und mein Herz ist schwer und schwarz vor Trauer.

HAIKU KUROUCHI

Da ich derzeit wegen eines kleineren Eingriffs am Rücken nicht sonderlich beweglich bin, verbringe ich viel Zeit in der bescheidenen Bleibe, die ich im 17. Stock eines ehemaligen Schwesternwohnheims in Hell's Kitchen bewohne. Das ist nicht weiter schlimm, im Gegenteil, die Ruhe tut gut, und der Ausblick ist herrlich, denn anders als James Stewart in Alfred Hitchcocks »Das Fenster zum Hof« blicke ich durch ein Fenster zum Himmel.

Besorgte Freunde bringen fortwährend Essen vorbei, was einerseits rührend ist, aber andererseits absurd, da man in New York ausnahmslos alles zur sofortigen Lieferung bestellen kann. Ich esse, ich bin, ich schaue aus dem Fenster, und manchmal glaube ich, in den Wolken Botschaften derer zu erkennen, die jüngst von uns gegangen sind, aber das liegt vermutlich an den Medikamenten.

Ich war nach dem Eingriff zwischenzeitlich schon deutlich mobiler, hatte mich dann jedoch in die Hände des Physiotherapeuten K. begeben, der mich zweimal so durchwalkte, als wolle er die Knochen in meinem Körper neu sortieren. Mein Körper reagierte darauf wie auf jede versuchte Neusortierung, nämlich mit Totalverweigerung.

Anfang der Woche humpelte ich rüber zum Fahrstuhl, fuhr ins Erdgeschoss und holte die Post aus dem Briefkasten. Es waren ausschließlich Briefe für meine Nachbarn. Ungewöhnlich, ich hatte noch nie Post für die Nachbarn bekommen. Ich fuhr wieder rauf in den 17. Stock und legte ihnen die Briefe auf die Fußmatte. Dabei sah ich, dass die Tür einen Spalt offen stand. Ich klopfte. Keine Antwort. Ich klopfte lauter. Keine Antwort. Ich humpelte zurück in meine Wohnung und legte die Kette vor.

Mein von Medikamenten umwölktes Gehirn entwickelte die mir vollkommen einleuchtende These, dass ein Serienkiller die Post der Nachbarn in meinem Briefkasten deponiert hatte, um mich in deren Wohnung zu locken. Dort würde ich erst eines Massakers gewahr und dann hören, wie die Tür ins Schloss fiele.

»Welcome to Hell's Kitchen«, würde eine Stimme aus der Tiefe des Flures sagen.

Ich informierte Hausmeister Giovanni Colon per SMS über den Sachverhalt. Giovanni schrieb: »Du hast sie nicht alle.« Ich kontrollierte stündlich über den Türspion, was sich bei den Nachbarn tat. Absolut nichts.

Nachts fiel ich in eine Welt der Träume, die aus Macheten und Schrotflinten gemacht war. Tags blickte ich aus dem Fenster zum Himmel und suchte in den Wolken nach Zeichen. Schließlich nahm ich allen Mut zusammen. In meinem Gewand verbarg ich das Haiku Kurouchi, ein Messer so scharf wie die Zeit, ich humpelte rüber zu den Nachbarn, die Post lag unberührt. Ich klopfte. Keine Antwort. Ich klopfte lauter. Keine Antwort.

»Hilft ja nichts«, presste ich zwischen den Zähnen hervor, zog das Messer, stieß die Tür auf und trat ein.

POKER

Ich hatte die Wohnungstür der Nachbarn aufgestoßen, ich hatte einen Schritt hineingewagt, nun stand ich da. Ich lauschte. Wer noch nie unbefugt eine fremde Wohnung betreten hat, ahnt nicht, wie viele Geräusche man dort hört. Aus der Küche, gleich vorne links, hörte ich ein Brizzen, das in regelmäßigen Abständen erklang. Brizz. Brizz. Ungefährlich, sagte mein Unterbewusstsein. Die Heizung knackte. Egal, das kannte ich, meine Heizung knackt so laut, dass ich nachts davon aufwache. Aus dem Wohnzimmer hörte ich ein Schriffeln, das war der Regen, der über die Fensterfront strich. Außerdem hörte ich meinen Atem.

Ich blickte auf das frisch geschärfte Haiku Kurouchi, das ich sicherheitshalber mitgebracht hatte. »Hallo!«, rief ich in die Wohnung. Keine Antwort. Ich tat einen zweiten Schritt und blickte nach links in die Küche.

Hier oben, im 17. Stock, gibt es nur zwei Wohnungen. Eine bewohne ich, die andere bewohnte jahrzehntelang James McManus, der als einer der letzten Bosse der irischen Mafia galt. James und ich tranken manchmal Whiskey auf seinem Balkon, Jameson ohne Eis, er gab mir Ratschläge fürs Leben, die ich allesamt nicht befolgte. Nachdem James gestorben war, zogen vier Menschen Mitte zwanzig in die Wohnung, zwei Frauen und zwei Männer, nennen wir sie M., J., E. und G.

Die ebenso schlaue wie mysteriöse M. und J., der sich

größtenteils von Filterkaffee ernährt, sind ein Paar, während E. und G., soweit ich das überblicken kann, ihre Sexualpartner wöchentlich wechseln. Es sind erfreuliche Nachbarn, nicht zuletzt, weil sie mich regelmäßig zum Pokern einladen, obwohl sie miserabel pokern. Immer gibt es zu diesen Anlässen Nudeln, und immer sieht die Küche schon vor dem Kochen so aus, als wäre ein Topf Tomatensauce explodiert.

»Hier ist Christian«, rief ich, »ich komme jetzt rein.« Keine Antwort.

Wenige Tage zuvor, als ich den Nachbarn einige Briefe auf die Fußmatte legte, die vielleicht nur scheinbar versehentlich in meinem Briefkasten gelandet waren, hatte ich bemerkt, dass die Wohnungstür einen Spalt offen stand. Selbstverständlich hatte ich erkannt, dass es sich um den Trick eines Serienkillers handelte, der mich in die Wohnung locken wollte. Nicht mit mir, Freundchen Serienkiller. Ich zähle vielleicht nicht zu den hellsten Kerzen auf der Torte, aber einen billigen Serienkiller-Trick erkenne ich dann doch.

Dass ich nun dennoch in der fremden Wohnung stand, heißt nicht, dass ich den Trick nicht durchschaut hätte. Aber irgendjemand musste ja mal nachsehen. Ich tat zwei Schritte nach vorn und spähte nach rechts ins Wohnzimmer. In diesem Moment kam in meinem Hirn eine Botschaft an. Ich tat zwei vorsichtige Schritte zurück und blickte erneut nach links in die Küche. Sie war blitzblank aufgeräumt.

DU WARST NIEMALS HIER

Okay, die Sache mit den Nachbarn, von der ich berichtet hatte: Machen wir es kurz. Klar, gern schriebe ich noch wochenlang über meinen unbefugten Besuch in deren Wohnung, bei dem sich einige Fragen ergeben haben, die ich mir niemals stellen wollte. Warum bewahrt jemand zwölf Gläser mit eingelegten Zwiebeln in einem Regal im Wohnzimmer auf? Was sagt es über jemanden in seinen Zwanzigern, wenn er in Britney-Spears-Bettwäsche schläft? Wo in aller Welt haben die ihre Bücherregale versteckt?

Ich werde diesen Fragen zumindest öffentlich nicht weiter nachgehen, denn ich habe Leserpost erhalten. Tenor: Halt uns nicht so lange hin mit dieser stinkfaden Geschichte. Leserin B. aus Hamburg hielt meine These, dass mich ein Serienkiller in die Wohnung locken wollte, für »das Gewäsch des mittelalten Mannes, der Angst vor der Welt hat«. Ich bin mit B. befreundet, sie darf das.

Leserin F. schrieb: »Butter bei die Fische. Und zwar zackig.« Leserin M. schrieb: »Sind die einfach ausgezogen, oder was? Wehe!«

Deshalb hier nur in kürzester Kürze, was bisher geschah: Die Tür meiner Nachbarn stand neulich einen Spalt offen, und war es nicht ein naheliegender Schluss, dass mich jemand in die Wohnung locken wollte? Unter Umständen ein Serienkiller? Ja, das mag weit hergeholt erscheinen, aber wer lässt seine Wohnungstür offen stehen? In Hell's Kitchen?

Nur Menschen, die ausgeraubt werden wollen oder eben Menschen, die diese Tür nicht mehr selbst schließen können, weil sie – nur mal zum Beispiel – dahingemeuchelt wurden.

Ich war also in die Wohnung gegangen, und nachdem ich dort gesehen hatte, dass die Küche perfekt aufgeräumt war, schwante mir das Schlimmste, ich hielt das Messer, das ich sicherheitshalber mitgebracht hatte, fest in der Hand, es ist unterarmlang, und ich bewegte mich vorsichtigsten Schrittes den Flur entlang. Ich stieß die Tür zum ersten Schlafzimmer auf. Nichts. Zweites Schlafzimmer. Nichts. Drittes Schlafzimmer. Nichts. Ich prüfte noch mal das Wohnzimmer. Nichts.

Erleichtert strebte ich dem Ausgang zu, als eine Stimme in meinem Kopf sagte: »Prüf die Bäder.«

»Wie bitte?«, sagte ich.

»Du hast mich gehört«, sagte die Stimme.

»Mache ich nicht«, sagte ich.

Es gibt in der Wohnung der Nachbarn in zwei der drei Schlafzimmer En-Suite-Bäder. Ich prüfte die Bäder.

Meine Nachbarn lassen mich im Poker gewinnen. Sie kochen Nudeln mit Tomatensauce für mich und Filterkaffee. Sie schauen Fußball mit mir. Ich dachte, so, mein Lieber, du verlässt jetzt schnellstens diese Wohnung und warst niemals hier. Du hast nichts gesehen. Alles ist gut. Entschlossen schritt ich durch den Flur dem Ausgang entgegen, das Messer noch immer fest in der Hand, und sah die über der Tür montierte Überwachungskamera.

SIE WEISS

Kurz nach sieben am Sonntagmorgen, die Isländerin war, aus Barbados kommend und auf dem Weg nach Rom, am John F. Kennedy International Airport in New York gelandet, wo ihr Anschlussflug erst 15 Stunden später ging. Also fuhr sie kurz in die Stadt, um mich zu besuchen.

Sie nahm den E-Train, der wochenends sehr allmählich durch Queens ruckelt, sich dann fast tastend einen Weg durch den Tunnel unter dem East River sucht und schließlich meine Gegend durchfährt, Hell's Kitchen.

Es war ein herrlicher Tag mit New Yorker Winterlicht, und an solchen Tagen kann die Isländerin nicht drinnen sitzen. Sie wollte spazieren gehen, im Central Park, auch weil sie weiß, dass ich im Central Park mit jedem Baum per Du bin und außerdem an der Statue von Robert Burns einen schönen schottischen Akzent aufsetze und erhabene Wahrheiten verkünde.

»Komm, lass uns gleich los«, sagte die Isländerin.

»Ich hatte doch diesen Eingriff am Rücken«, sagte ich.

»Ich weiß«, sagte die Isländerin.

»Ich kann noch nicht wieder richtig laufen«, sagte ich. Die Isländerin lächelte.

»Wir versuchen es«, sagte sie.

In New Orleans hat die Isländerin einmal einen Mann namens Stan Vilensky angelächelt, der den Touristen auf einer Reiseschreibmaschine Gedichte gegen Geld schrieb.

Sie begleitete mich damals eine Weile, als ich die USA von Ost nach West durchquerte, in einem Chevrolet Tahoe. Nachdem ihn das Lächeln berührt hatte, begann der ganze Vilensky zu leuchten, er schrieb, er konnte nicht anders, er verfasste ein Gedicht mit dem, zugegeben, eher weit gefassten Thema »Amerika«, natürlich wollte er kein Geld dafür, und nein, ich war kein bisschen erstaunt, als das Gedicht auch noch ganz gut war.

Wir liefen von meiner Wohnung zum südwestlichen Ende des Parks, und ich lotste sie zu der Bude, an der es guten Kaffee gibt. Die Isländerin ist nicht nur ein Wesen des Zaubers, sie ist auch ein Wesen des Kaffees. Sie besteht zu gleichen Teilen aus Nordmeer, aus Licht und aus Kaffee. Die Menschen an der Bude füllten, als sie einen Kaffee bestellte, den größten Becher.

Zuerst hielten wir uns links im Park, erst an der Sheep Meadow bogen wir rechts ab. Die Isländerin erzählte von Barbados, wir gingen leichten Schrittes. Sie reist oft und weit, sie spricht viele Sprachen, sie ist eine Bürgerin der Welt. Wir erreichten das Denkmal von Robert Burns.

»Rabbie Burns«, sagte ich und zeigte auf das Denkmal.

»Ich weiß«, sagte die Isländerin.

Ich blickte nach Westen, nach Süden, ich blickte auf die Strecke, die wir bis hierhin durchmessen hatten. In meinem schönsten schottischen Akzent sagte ich: »Sieht wohl so aus, als könne ich wieder laufen.«

Die Isländerin lächelte.

MENSCHENVERSTAND

Wenn meine Nachbarn die Bilder der Überwachungskamera anschauten, dann sähen sie, wie ich mit gezücktem Messer durch ihren Flur laufe. Ist eine längere Geschichte, auf die ich jetzt nicht im Detail eingehen will. Nur so viel: Meine Nachbarn waren länger weg, und ich habe da nach dem Rechten gesehen, weil unserem Hausmeister Giovanni Colon der Weg rauf in den 17. Stock mal wieder zu weit war.

Ich bin wirklich nicht der Kontrolltyp, aber die Nachbarn hatten sich nicht bei mir abgemeldet und die Tür einen Spalt offen stehen lassen. Daher hatte ich die Wohnung gründlich inspiziert und dabei mehr über meine Nachbarn erfahren, als ich wollte. Anschließend hatte ich die Wohnung wieder verlassen und die Tür geschlossen.

Weder Giovanni noch den Nachbarn gegenüber erwähnte ich, dass ich in der Wohnung war. Warum auch? Ich bin sicher, sowohl Giovanni als auch die Nachbarn können auf die Information verzichten, dass ich im Schlafzimmer hinten links sah, dass … ach, ich bin sicher, ganz Hell's Kitchen kann auf diese Information verzichten.

Manchmal ist es am besten, so zu tun, als wäre nichts. Ich würde sogar behaupten, dass das die vierte große Regel des Lebens ist: Wasser ist nass, der Himmel ist blau, Frauen haben Geheimnisse, manchmal ist es am besten, so zu tun, als wäre nichts.

Damit könnte die Angelegenheit erledigt sein, wenn da

nicht diese verdammte Überwachungskamera im Flur hinge. Ich wünschte, ich hätte sie nicht gesehen. Aber ich habe sie gesehen, und seither nagt in mir der Gedanke, dass die Nachbarn die Bilder anschauen und sagen: Ah, der Kontroll-Typ von gegenüber war in unserer Wohnung. Mit einem Messer.

Mein gesunder Menschenverstand vertritt die Ansicht, dass sich niemand die Bilder einer Überwachungskamera anschaut, wenn nichts passiert ist.

»Lieber Christian«, sagte mein gesunder Menschenverstand, »sei unbesorgt, da sind die Aufzeichnungen von drei Wochen drauf, das schauen die nie an.«

»Vielleicht hast du recht«, sagte ich. Ich aß einen Apfel und dachte nach.

»Außer vielleicht«, sagte ich, kauend, »die Kamera hat einen Bewegungsmelder, und der springt nur an, wenn jemand in der Wohnung ist.«

»Kann ich mir kaum vorstellen«, brummte mein gesunder Menschenverstand.

»Du kannst dir leider vieles nicht vorstellen«, sagte ich.

Kürzlich stieg der Super Bowl, das Endspiel im American Football. Meine Nachbarn schmissen zu diesem Anlass eine Party. Durch den Türspion sah ich, dass gut zwei Dutzend Gäste den Aufzügen entstiegen und in die Wohnung strebten, bewehrt mit Getränken, und mein gesunder Menschenverstand wiederholt seither mantrahaft, dass es überhaupt nichts zu bedeuten habe, dass ich nicht eingeladen war.

ARIANA

Bevor ich nach Hell's Kitchen zog, habe ich einige Jahre in London gewohnt, und eines Abends begab es sich, dass ich mit der Jubilee Line nordwärts in den Stadtteil Kilburn fuhr. Seit jeher erfreut es mein schlichtes Gemüt, dass es eine Gegend in London gibt, die übersetzt »Tötbrenn« heißt.

Die Abendgesellschaft traf sich in einem afghanischen Restaurant namens Ariana II. Der kluge M., einer meiner ältesten Freunde, hatte eingeladen, ich glaube, er feierte einen runden Geburtstag. Weil das Restaurant keine Schanklizenz hatte, konnten die Gäste ihren eigenen Alkohol mitbringen, und da ich wusste, dass es immer Gäste gibt, die aus strategischen Gründen lieber nichts mitbringen, rückte ich mit einer schönen Auswahl an Flaschen an, die erst mit großem Hallo begrüßt und dann mit englischer Konsequenz geleert wurden.

Es waren unter anderem einige Mediziner anwesend, und ich bin immer wieder erstaunt darüber, was Ärzte so wegkippen. Ich bin wirklich kein Kind von Traurigkeit, aber es gibt Ärzte, die mich gelassen unter den Tresen trinken und danach lächelnd vielleicht nicht an den Operationstisch schreiten, aber doch aufrecht von dannen.

Ich kenne M. seit Jahrzehnten. Wir gingen eine Weile in derselben Stadt auf verschiedene Schulen, und auf erstaunliche Weise haben sich unsere Linien immer wieder gekreuzt. Einmal standen wir, gerade 18, auf einer Party, auf der alle anderen zuvörderst saufen und vögeln wollten, und wir zitierten permanent Gryphius. Dann trennten sich unsere Wege.

Aber just, als ich mich an der Uni in Edinburgh einschrieb, ging M. nach Oxford, also trafen wir uns öfter. Als ich Jahre später nach München kam, um mich einer gewissen *Süddeutschen Zeitung* anzuschließen, war M. schon da. Bis er die Stadt verließ, tranken wir einmal pro Woche ein paar Biere in einem Wirtshaus namens Alter Simpl. Schließlich zog ich nach London.

Es war, glaube ich, ein Zufall, aber M. wohnte da bereits mit seiner Familie. Wir sahen uns dauernd. Dann schob das Schicksal mich nach New York und M. nach Osnabrück, und ich dachte, vielleicht ist jetzt das Ende der sich kreuzenden Linien gekommen.

In dieser Woche entdeckte ich auf der 9th Avenue ein afghanisches Restaurant namens Ariana. Es war später Nachmittag. Ich ging hinein.

»Es gibt in London ein Restaurant namens Ariana II«, sagte ich zu den Ariana-Leuten. Die Ariana-Leute nickten.

»Seid ihr Ariana I?«, fragte ich. Die Ariana-Leute nickten.

Ich setzte mich und bestellte Badenjan Chalow, ein Gericht mit Auberginen und Lamm, ich aß es, es war köstlich, und ich dachte an M.

M. ist in Osnabrück angekommen. Ich bleibe erst einmal in Hell's Kitchen. Mal sehen, wo die Ariana-Leute ihr drittes Restaurant aufmachen.

NADELSTICHE

Dr. S. verteilte angelegentlich Akupunktur-Nadeln auf meinem Körper, sie fühlte, sie prüfte, sie stach. Immer schien sie genau zu wissen, wo die nächste Nadel sitzen musste. Ich zähle leider nicht zu den esoterisch veranlagten Menschen, weshalb ich von vielen alternativen Heilungsmethoden nicht sonderlich überzeugt bin. Aber Akupunktur hat mich schon immer fasziniert, und nachdem ich neulich einen kleineren Eingriff am Rücken hatte, dachte ich, dass ich das jetzt mal ausprobieren sollte. Ich fragte bei meinen New Yorker Freunden herum. Dr. S. führte die Empfehlungsliste an, souverän. Sie sitzt an der 60th Street, links vom Central Park. Das ist zwar so gerade eben nicht mehr Hell's Kitchen, aber ich beschloss, ausnahmsweise mal nicht so kleinlich zu sein.

Dr. S. ist eine zierliche Person, sie misst vielleicht 1,50 Meter und wirkt, als könne ein Windstoß sie ergreifen und den ganzen Weg bis rauf nach Harlem wehen. Sie ist allerdings auch eine Person von großer Autorität, weshalb der Windstoß sie dort sicherlich sehr vorsichtig absetzen und sich entschuldigen würde.

»Sie arbeiten viel im Sitzen«, sagte sie, während sie weitere Nadeln in meinen Körper stach. Ich brummte zustimmend. »Und Sie sind zu schwer«, sagte sie. Ich brummte unentschlossen. Klar könnte ich ein paar Kilos verlieren, aber ich habe erst neulich wieder gelesen, dass Menschen, die nicht vom erstbesten Windstoß bis nach Harlem geweht werden, weil sie über eine gewisse Erdenschwere verfügen, eine höhere Lebenserwartung haben. Es ist umstritten, woran das liegt, aber ich glaube, es hat damit zu tun, dass wir Erdenschweren beim Italiener nach Antipasti, Pasta als Zwischengang und gegrilltem Fisch als Hauptgang nicht eine Sekunde darüber nachdenken, ob eine Panna Cotta zum Nachtisch jetzt vielleicht zu viel sein könnte, weil wir wissen, dass sie uns glücklich macht.

»Sie werden abnehmen«, sagte Dr. S. Sie sagte es nicht als Vorschlag, auch nicht als Befehl. Sie stellte es fest.

»Außerdem werden Sie weniger sitzen, so wenig wie möglich.« Dr. S. stach mir eine Nadel in die Kniekehle. »Sie werden Ihr Leben ändern«, sagte sie.

Ich seufzte.

Seit einigen Jahrzehnten habe ich das unfassbare Vergnügen, auf dieser Erde zu wandeln, und immer wieder haben mir Menschen gesagt, ich müsse mein Leben ändern. Ich habe mich dem stets widersetzt und bin damit ganz gut gefahren. »Ich will mein Leben nicht ändern«, sagte ich also.

Dr. S. stach eine Nadel links neben meinen kleinen Zeh. Ich zuckte, diese Nadel schien alle anderen aktiviert zu haben, mein ganzer Körper begann zu kribbeln. »Was Sie wollen«, sagte Dr. S., während sie die letzte Nadel, so fühlte es sich zumindest an, in mein Rückenmark rammte, auf dass ihre Worte in mein zentrales Nervensystem eindringen, »ist vollkommen unerheblich.«

GASMASKE

Als ich am Montag den ersten Menschen mit Gasmaske in Hell's Kitchen sah, habe ich das zunächst kaum wahrgenommen. Was sollte ungewöhnlich daran sein, dass jemand mit Gasmaske vorm Gesicht die 9th Avenue hinunterläuft? Es wohnen in Hell's Kitchen Männer, die auf 15 Zentimeter hohen Absätzen über die unebenen Bürgersteige stöckeln. Es gibt hier Frauen, die in voller Kampfmontur durchs Viertel paradieren. In Tarnfarben.

Seit Neuerem begegne ich in meiner Straße einer zwei Meter großen Drag-Queen, die am Stock geht. Den Stock schmückt sie mit Federn. Kürzlich erspähte ich einen Mann, der einen roten Overall mit Glitzer trug und über Kopfhörer ein Musical hörte, das er in Theaterlautstärke mitsang. Ein Typ mit Gasmaske fällt da nicht weiter auf.

Musikalische Menschen behaupten gern, es gebe das nicht, dass jemand kein Gefühl für Rhythmus und Gesang habe. Ich erwähne dann stets meinen Anwalt, der einer meiner ältesten Freunde ist und mit dem ich vor exakt einem Jahr zu einer Reise quer durch die Vereinigten Staaten aufgebrochen bin. Mein Anwalt ist ein gewiefter Hund, der etwas zu gut aussieht, er ist ein toller Vater und ein liebender Ehemann, aber sein Gefühl für Rhythmus und Gesang ist das eines Baggers.

Nachdem ich also neulich den Mann im Glitzeroverall entdeckt hatte, folgte ich ihm neun Blocks südwärts. Zum einen, weil das eh meine Richtung war, aber vor allem, weil ich in ihm einen Seelenverwandten meines Anwalts erkannte. Er sang in der Tonlage, und ich übertreibe nur ein wenig, in der die Bremsen der Subway bei einem Nothalt erklingen.

Zugegeben, die meisten Leute in Hell's Kitchen sehen aus wie ich: unscheinbar, langweilig, im Grundsatz freundlich. Aber es vergeht kein Tag, an dem nicht auch etwas weniger langweilige Menschen auf den Straßen unterwegs sind, was, nebenbei gesagt, dazu führt, dass unser Hausmeister Giovanni Colon, der einen eher konservativen Blick auf die Welt pflegt, seine Töchter im Teenageralter niemals allein zur Schule gehen lässt.

Am Dienstagmorgen sah ich die zweite Gasmaske, später am Tag die dritte. Seit einer Woche gibt es die ersten Coronavirusfälle in New York, und ich fand es ebenso rührend wie erfreulich, dass auch in einem der lässigsten Viertel der Welt sofort ein paar Leute nicht nur ein wenig nervös wurden, sondern gleich komplett die Nerven verloren. Am Mittwoch erblickte ich, von der Akupunktur auf der 60th Street kommend, den vierten Mann, der eine Gasmaske trug. Ich folgte ihm. Neun Blocks südwärts.

An der 51st Street bog er links ab und betrat das Briciola, ein italienisches Lokal, in dem kein einziger Italiener arbeitet. Ich esse da öfter zu Mittag. Durch das Fenster sah ich, wie er die Gasmaske abnahm und Cy, den schwer tätowierten französischen Chefkellner, mit Wangenkuss begrüßte.

WERDEN. VERGEHEN.

In dieser Woche hatten wir 21 Grad in Hell's Kitchen, was ich zum Anlass nahm, auf den Balkon zu gehen. Ich hatte das länger nicht gemacht, obwohl ich es liebe, auf den Balkon zu gehen und die unendlichen Blautöne des New Yorker Himmels anzuschauen. Aber der Balkon bereitete mir zuletzt schlechte Laune. Der Gasgrill liegt umgestürzt, dem Kohlegrill fehlt der Deckel. Stühle, Tische, Blumentöpfe, überall verstreut, größtenteils kaputt. Es ist ein Desaster, und ausnahmsweise bin ich nicht mal zur Hälfte schuld.

Die Sache ist die: Im Herbst hatte unser Hausmeister Giovanni Colon angekündigt, dass der Balkon renoviert werde und ich daher bitte sämtliche Pflanzen, Möbel, Grills und den Sonnenschirm umgehend wegräumen solle. Wobei, »bitte« hat er nicht gesagt, wenn ich mich recht entsinne.

Mein Balkon war eine Oase. Eine mit welliger Teerpappe ausgelegte Freifläche, auf der ich einen Garten angelegt hatte. Ich zog, wie ich womöglich erwähnte, Tomaten, Chilis, Bohnen, Erbsen, Zucchini, außerdem stand dort ein Hibiskus, der Blüten hervorbrachte und abwarf, als fast manisches Symbol des Werdens und Vergehens.

Nach Giovannis Ankündigung räumte ich alles vom Balkon in die Wohnung. Zwei, drei Tage lang ist das okay, dachte ich. Als nach einer Woche nichts passierte, spannte ich, um irgendwas zu tun, den Sonnenschirm im Wohnzimmer auf. Als auch nach zwei Wochen nichts geschah, ahnte ich, dass diese Balkonrenovierung wohl niemals stattfinden würde, also räumte ich nach und nach alles zurück nach draußen, die Möbel, die Grills, auch den Sonnenschirm, aber ich machte nichts winterfest, weil ich nicht vollkommen ausschließen konnte, dass es doch bald mit der Renovierung losgehen würde. Dann kam der erste Sturm.

Winterstürme sind in New York normal, aber dieser überraschte mich. Er fällte den Gasgrill wie einen jungen Baum, der sich gewünscht hatte, noch ewig zu leben. Er riss am Mobiliar. Der zweite Sturm wehte den Deckel des Kohlegrills ins Viertel, und er nahm sich der tönernen Blumentöpfe an. Was der dritte Sturm im Detail anrichtete, habe ich mir nicht mehr angesehen. Ich wusste, fast alles, was ich rausgeräumt hatte, war kaputt oder verloren. Der Balkon war tot. Zum Glück hatte ich nicht alle Pflanzen rausgestellt. Vor allen Dingen hatte ich den Hibiskus nicht rausgestellt.

Als ich in dieser Woche auf den verwüsteten Balkon trat, blickte ich auf die Blautöne des New Yorker Himmels. Ich steckte mir eine Zigarette an und rauchte vor mich hin. Mein Blick schweifte nach links zum Hudson, nach rechts auf dreiviertelfertige Hochhäuser. Schließlich zurück nach drinnen, und als ich sah, dass der Hibiskus die erste Blüte des Frühlings hervorgebracht hatte, beschloss ich, nein, verstand ich, dass es Zeit war, den Balkon wieder zum Leben zu erwecken.

RUCKSACK

Das Briciola hat zu. Das Rudy's hat zu. Mitte der Woche hat auch mein Friseur Robert aufgegeben. Niemand will sich gerade die Haare schneiden lassen. Der Amish Market hat noch auf, ein Glück, sie packen dort unermüdlich neue Nudeln in die Regale, und weil dies Hell's Kitchen ist, sorgen sie dafür, dass die Regale zu gleichen Teilen mit günstiger Pasta sowie mit eher nicht so günstiger Pasta von De Cecco gefüllt werden.

Auch das Westside Home Center hat noch auf, das ist fast genauso wichtig. Es gibt dort alles, was nicht essbar ist. Als am Dienstag mein Fieberthermometer den Geist aufgab, kaufte ich im Westside eine neue Batterie, obwohl ich das Haus nicht mehr verlassen wollte, und ja, ich kaufte auch eine Ersatzbatterie.

Der Gouverneur von New York sagte, er erwarte den Höhepunkt der Ausbreitung des Corona-Virus in 45 Tagen. Ich habe mich daher auf die lange Strecke eingestellt.

Freitag vergangener Woche hatte ich schon damit begonnen, mich zu Hause einzubunkern, aber dann um elf Uhr abends beschlossen, noch ein letztes Mal bei Cy vorbeizuschauen, dem schwer tätowierten Chefkellner im Briciola. Die Köche waren schon gegangen, Cy schloss ab, wir tranken Wein, er rot, ich weiß, und wir hielten Abstand. Um halb zwölf klopfte ein Paar an der Glastür. Cy schüttelte den Kopf. Sie klopften erneut. Cy öffnete die Tür. Ob es noch ein Glas

Wein gebe, fragten sie. Cy schaute mich an. »Ich hab nichts dagegen«, sagte ich.

Es kommt selten vor, dass Cy einen ausgibt, aber an diesem Abend schenkte er beständig nach, ohne zu bonieren. Der Wein leuchtete, und das Paar erzählte herrliche Geschichten von der Motoryacht des Milliardärs, auf der beide arbeiten, sie als Köchin, er als Ingenieur. Ich dachte nicht eine Sekunde an das Virus.

Um kurz vor zwei ging ich nach Hause. Auf dem Anrufbeantworter meines schwarzen Bürotelefons war eine Nachricht von meinem Freund Jack. Er lebt mit seiner Familie abgeschieden in einem riesigen Haus in Connecticut. Er habe Waffen, sagte er, außerdem habe er drei Generatoren, und in seinem Swimmingpool habe er 40000 Gallonen Trinkwasser. Noch bestehe kein Grund zur Sorge.

Aber das werde sich ändern, sagte er.

Ich solle bitte einen Notfall-Rucksack bereithalten und mich schon einmal mit dem Weg ans nordwestliche Ende der Bronx vertraut machen. Sollte in New York alles zusammenbrechen, wovon er mittelfristig ausgehe, werde er mich dort abholen, sagte er. Jack hat einen kruden Sinn für Humor, aber ich fand's nicht unwitzig und ging lächelnd ins Bett.

Am nächsten Morgen erinnerte ich mich nur vage an die Nachricht. Ich hörte sie erneut ab. Nordwestliches Ende der Bronx. Zu Fuß, dachte ich, müsste das in knapp vier Stunden zu schaffen sein.

GLÜCKSKEKS

Auf der 8th Avenue in Hell's Kitchen gibt es ein Restaurant namens »China Gourmet«, das hauptsächlich vom Lieferservice lebt, aber es stehen auch ein paar Plastiktische darin, mit passenden Plastikstühlen, und dass auf diesen Stühlen immer, wenn ich das Restaurant auf dem Weg zum Central Park passierte, ausschließlich asiatische Bauarbeiter saßen, nahm mich für den Laden ein.

Vor zwei Jahren bestellte ich dort zum ersten Mal, ich begann konservativ, Hühnersuppe mit Nudeln und Gemüse. Mittlerweile habe ich ein knappes Viertel der rund 200 Gerichte auf der Karte probiert. Dass der Laden »China Gourmet« heißt, muss man als chinesischen Humor abtun, aber das Essen ist okay, und wenn man an einem beliebigen Abend mit dem letzten Mausklick die Bestellung abschloss, dauerte es noch exakt zwei Minuten und vierzig Sekunden, und ein freundlicher Chinese stand vor der Tür im 17. Stock, übergab eine Tüte mit dampfenden Speisen, wünschte »Guten Appetit« und war wieder unten auf der Straße bei seinem frisierten Elektrorad, noch bevor die Tür zurück ins Schloss gefallen war. Zu jeder Bestellung gab es einen Glückskeks. Ohne Glückskeks wäre sie nicht komplett.

Die in die Kekse gebackenen Botschaften sind meist positiv oder aufmunternd oder stellen das Offensichtliche fest: »Jede Minute, die man lacht, verlängert das Leben um eine Stunde.« Oder: »Über Vergangenes mach dir keine Sorgen, dem Kommenden wende dich zu.« Oder: »Der Hamburger Sport-Verein wird bald in alter Herrlichkeit erstrahlen.« Solche Sachen.

Die letzte Glückskeks-Nachricht, die ich von »China Gourmet« mit einer großen Portion Kung Po Shrimp bekommen habe, besagte: »Das feste Land ist immer in den Gedanken des fliegenden Vogels.«

In New York leben knapp 600000 Menschen chinesischer Abstammung. In jüngster Zeit sind manche von ihnen beschimpft worden, in der Subway, auf den Straßen, als wären sie persönlich für die Ausbreitung des Virus verantwortlich. Ich habe das nie aus der Nähe erlebt, da ich seit zwei Wochen in Quarantäne bin, aber wenn ich es in den sozialen Medien sah, dachte ich, dass nun auch die Weltstadt der Toleranz allmählich beginnt, am Rad zu drehen. Es war, als sehe man Menschen am Werk, denen der Glückskeks gesagt hatte: »Die dunklen Winde wehen deine Seele in die Hände deines persönlichen Teufels.«

Als ich in dieser Woche bei »China Gourmet« bestellen wollte, und zwar auch, um Solidarität zu zeigen, erhielt ich die Nachricht: »Bestellungen sind gerade nicht möglich.« Viele der unzähligen Restaurants in Hell's Kitchen liefern unbeirrt weiter, aber »China Gourmet« hat vorerst dichtgemacht, und ich ahne und ich fürchte, dass das nicht daran liegt, dass ihnen die Glückskekse ausgegangen sind.

VIER ZEICHEN

Hier sind vier Dinge, die mir in meiner seit drei Wochen dauernden Selbst-Quarantäne in Hell's Kitchen sagen, dass die Welt da draußen aus den Fugen geraten ist. Meine Physiotherapeutin K. rief aus dem wie immer sonnigen San Diego an und flirtete mit mir. Mein Freund Jerry erzählte, dass er zum ersten Mal in seinem Leben selbst ein Tellergericht gekocht habe (er hat manchmal gegrillt, aber nie gekocht, da war er eisern). Links von meinem Balkon hat im Hudson River ein Krankenhausschiff angelegt, das ungefähr so groß ist wie Kiel. Meine Freundin B. aus Hamburg hat gerade für ihren neuen Roman, der im kommenden Jahr erscheinen soll, eine, man muss es wohl so sagen, rassige Sex-Szene geschrieben.

Ein Zeichen bedeutet nichts. Vier Zeichen ergeben ein Bild. Wenn Jerry kocht und B. über Sex schreibt, wenn K. flirtet und im Hudson ein zum Hospital umgebauter Tanker liegt, dann weiß ich, was die Stunde geschlagen hat. Dann weiß ich, dass sich die Welt auf eine Laufbahn begeben hat, in der alte Gewissheiten nichts mehr gelten.

Ich hatte vor Kürzerem ein paar Probleme mit meinem Rücken, und K., die Physiotherapeutin, hat mich geduldig wieder so hingekriegt, dass ich stundenlang durch den Central Park spazieren konnte. Sie stammt aus Kalifornien, und am Telefon erzählte sie nun, dass sie New York wie so viele Menschen verlassen habe und versuche, die Krise in San

Diego abzuwettern. Wer nicht in New York bleiben muss, bleibt nicht in New York.

»Wie geht es Ihnen?«, fragte ich.

»Ach«, sagte sie, »soll ich ehrlich sein?«

»Ich bitte darum«, sagte ich.

»Ich vermisse Sie«, sagte sie.

Jerry klingelte durch und machte mir erst mal Vorwürfe, weil ich ihn fünf Tage lang nicht angerufen hatte. Er hat etwas Trumpiges, er will dauernd beachtet werden. Nachdem ich gelassen gelogen hatte, dass ich im Grunde an kaum etwas anderes gedacht hätte als an ihn, sagte er, dass er aus schierer Verzweiflung Reis mit Hühnchen zubereitet habe, nur für sich.

B. hat jetzt, wenn ich es recht überblicke, neun Bücher geschrieben, in denen ihre Protagonistin sich mit dem Schmerz der Welt beschäftigt, aber nie schrieb sie eine ausführliche Sex-Szene. Im zehnten Buch ist es so weit, und da es dabei um alles geht, ist es vielleicht das letzte Buch der Serie. Nur so eine Ahnung. Wer weiß?

Ich habe eine leichte Erkältung, und Anfang der Woche hatte ich ein paar Tage lang meinen Geruchssinn verloren. Kein Fieber, kein Husten, es geht mir gut. Vielleicht Corona, vielleicht nicht. Ich weiß es nicht. Es geht mir gut, wie gesagt. Gibt keinen Grund, sich Sorgen zu machen.

Wenn ich an K. denke, an Jerry, an das Schiff und an B., die jetzt rassige Sex-Szenen schreibt, denke ich an die aus den Fugen geratene Welt da draußen als einen wunderbaren Ort.

MASKEN

Heidi P. hat geliefert. Am Wochenende hatte sie mir und zwei Dutzend weiteren Menschen geschrieben, dass sie ab Montag vorübergehend nicht mehr in ihrem Beruf als Ingenieurin arbeite, da keine Aufträge reinkämen. Also sitze sie mit R. (ihrem schottisch-philippinischen Freund) und Scooter (ihrer neurotischen Katze) zu Hause in der Zweizimmerwohnung in Downtown Manhattan fest, knapp südlich der East Houston Street. Heidi stammt aus Pittsburgh, das einst das Zentrum der amerikanischen Stahlindustrie war. Die Stadt wird bis heute »Steel City« genannt, und man übertreibt nicht, wenn man sagt, dass Heidi zu einer wahren Tochter Pittsburghs herangewachsen ist, zu einer Lady aus Stahl. Selbst R. würde dieser Beschreibung nicht widersprechen. Gerade R. würde dieser Beschreibung nicht widersprechen.

R. liebt es, zu Hause zu sitzen und nichts zu tun. Insofern konnte er der Corona-Sache immerhin einen guten Aspekt abgewinnen. Er saß und tat nichts, das war gut. Keine Ahnung, ob er in diesen Momenten der würdevollen Muße, der lustvollen Vereinigung mit dem Nichts, wirklich glaubte, dass etwas über die Welt gekommen war, das Heidi stoppen könnte. Die beiden sind seit einem Jahrzehnt zusammen, ich schätze, in seinem Innersten wusste er, was geschehen würde.

Während R. also saß und nichts tat, rumorte Heidi durch die Wohnung. Aus Schubladen und Schränken wühlte sie

Stoff hervor, sie baute die Nähmaschine im Wohnzimmer auf, probierte ein wenig herum, und bald hatte sie ihre Methode gefunden. Die ersten 20 Gesichtsmasken waren im Nu genäht.

»Liebe Freunde«, schrieb sie anschließend, »Müßiggang ist aller Laster Anfang. Wir alle brauchen Masken, und ich habe Stoff und Zeit. Wer eine haben will, kostenlos natürlich, gibt kurz Bescheid. R. und ich liefern nach Hause. Wer hier in der Gegend wohnt, wird rasch von R. mit dem Fahrrad versorgt, den Rest beliefern wir in den kommenden Tagen mit dem Auto. Leitet diese Mail bitte an Familie und Freunde und Bekannte weiter.« Ich bin mir ziemlich sicher, dass R., während Heidi dies schrieb, noch nicht wusste, dass eine neue Karriere als Maskenlieferant auf ihn wartete.

Wie das Virus verbreitete sich die Mail exponentiell, mehr und mehr Menschen bestellten Masken, es sind Hunderte mittlerweile, und Heidi näht und näht. Am Dienstag machten die beiden halt in Hell's Kitchen. Heidi stieg aus und warf mir aus zwei Metern Entfernung zwei Masken zu. »Bleib gesund!«, rief sie mit großem Lächeln und sprang zurück ins Auto.

R. war im Wagen sitzen geblieben, der Motor lief. Er nickte mir kurz zu, ausdruckslos, aber ich bilde mir ein, dass ich in seinen Augen eine große Zufriedenheit sah, weil er seine Freundin vielleicht noch nie so strahlend erlebt hatte.

RAIMUNDO

Dass ich ein bisschen durchdrehe in meiner Selbstquarantäne in Hell's Kitchen, merke ich daran, dass ich seit zwei Wochen versuche, mir das Gitarrensolo am Ende des Liedes »Hotel California« von den *Eagles* auf meiner spanischen Raimundo beizubringen. Es gibt irre tolle Raimundos, aber meine ist eine betagte, ächzende Gitarre, 30 Jahre alt, die, wäre sie ein Fußballklub, in der Liga von Preußen Münster eher kämpfte als glänzte.

Eigentlich gibt es zwei Soli am Ende von »Hotel California«, die einander ergänzen, aber gut. Die spanische Gitarre spiele ich so, wie ich früher Fußball spielte oder meine großen Liebesbeziehungen führe: mit aller Leidenschaft. Aber von den Göttern mit erschreckend wenig Talent gesegnet.

Dass ich nicht schon vor der Quarantäne durchgedreht bin, liegt auch daran, dass ich von meinem Balkon aus auf einen Parkplatz blicke. Ich wohne im 17. Stock eines ehemaligen Schwesternwohnheims, sodass ich von weit oben auf diesen Parkplatz schaue.

In den absolut durchgedrehten Zeiten vor wenigen Wochen, an die wir uns heute als »die Normalität« erinnern wollen, nutzten die Parkplatzmenschen jeden Quadratzentimeter Asphalt. Man gab sein Auto an der Einfahrt ab, sagte, wann man es wieder abzuholen gedenke, und entsprechend parkten die Parkplatzmenschen den Wagen. Wenn eine gewisse *Süddeutsche Zeitung* mir eine Stunde der Muße gönnte, saß ich oft auf diesem Balkon, einer mit welliger Teerpappe ausgelegten Freifläche, die von einem wackligen Geländer umstanden wird. Ich schaute runter auf den Parkplatz, und ich fragte mich stets, ob ich in diesem Rhythmus aus Einparken, Ausparken und Umparken ein Bild erkennen müsste.

Ein Gleichnis.

Manchmal kam jemand früher zurück als geplant, um seinen Wagen abzuholen. Aus der, sagen wir, siebten Reihe. Das bedeutete, dass mindestens sechs Autos aus den Reihen davor bewegt werden mussten. Erst runter vom Parkplatz, dann wieder rauf auf den Parkplatz. Ein Ballett.

Der Parkplatz bietet Raum für, wenn man ihn wirklich vollstellt, rund 200 Autos. Während ich das schreibe, stehen dort exakt vier Autos, und wieder frage ich mich, ob ich darin ein Bild erkennen müsste, ein Gleichnis, ein Symbol. Klar, man könnte nun behaupten, dieser Parkplatz zwischen 51st Street und 52nd Street sei der Pulsschlag der Stadt. Aber das ist er nicht.

An diesem Mittwoch setzte ich mich mit meiner Gitarre auf den Balkon. Der Himmel über Hell's Kitchen zeigte sein sanftestes Blau. Drinnen hatte ich die Nadel auf die Platte »Eagles Live« von 1980 gesetzt.

Das erste Lied erklang, Don Henley sang: »You can checkout any time you like. But you can never leave.« Ich schaute auf den Parkplatz, und ich schaute auf den Himmel. Als dann das Solo kam, spielte ich es, so bilde ich mir ein, Ton für Ton mit.

STELLA

Am Sonntag klingelte mein Bürotelefon. Es ist schwarz. Ich ließ es eine Weile klingeln. Mein Freund V., der Fremdenführer, vertritt die Ansicht, dass es meine mieseste Angewohnheit sei, das Telefon eine Weile klingeln zu lassen. Das ist auf rührende Weise naiv, denn natürlich habe ich noch weit miesere Angewohnheiten.

Ich nahm den Hörer von der Gabel.

»V. hier«, sagte V.

»Hm«, brummte ich.

»Schlechte Laune?«, fragte er.

»Ich habe immer schlechte Laune«, sagte ich.

»Ich weiß«, sagte V. erfreut.

Ich legte auf.

Vor ungefähr sieben Wochen standen V. und ich am Tresen des Rudy's. Wir ahnten, dass es einer der letzten Abende in Freiheit sein würde und tranken ein paar Biere. Der Trick im Rudy's besteht darin, nicht die billige Hausmarke zu bestellen, die 0,2 Sekunden nach dem Zapfen aussieht wie Apfelschorle, sondern das etwas teurere Stella. Wir waren auf halbem Wege durch das dritte Bier, als ich einen Schluck nahm und V. sagte: »Das war mein Glas.« In dem Moment wussten wir: Wenn einer von uns das Corona-Ding hat, haben wir es jetzt beide.

V. war wenig zuvor von einem Urlaub aus Venedig zurückgekehrt, wo er mit seiner Freundin R. Gebäude angesehen hatte. Zudem hatte er einen lächerlichen Drink in Harry's Bar genommen und ansonsten vor allem die Techniken der örtlichen Fremdenführer studiert. Berufskrankheit.

Vielleicht hat er es sich dort gefangen. Vielleicht aber auch nicht. Das Telefon klingelte. Ich ging sofort ran.

»V. hier«, sagte V.

»Ich weiß«, sagte ich.

»Wie lange warst du nicht mehr draußen?«, fragte er.

»Seit vier Jahren«, knurrte ich.

»Ich bin um fünf Uhr da. Spaziergang. Wir gehen um den Block. Keine Widerrede.« Er legte auf.

Um kurz vor fünf legte ich eine der Masken an, die meine Freundin Heidi P. mir neulich vorbeigebracht hatte. Vorsichtig wie ein Bär, der monatelang im Winterschlaf war, verließ ich die Wohnung. Ich nahm den Fahrstuhl nach ganz unten, ich stieg aus, trat auf die Straße, und ich schaute nach links und nach rechts. Hell's Kitchen sah aus wie Zombieland. Dann näherte sich V. von links.

V. hat fast drei Wochen lang mit Corona flachgelegen. Er hatte Probleme zu atmen. Er hatte Angst. Als er nun an der Ecke von 51st Street und 9th Avenue auftauchte, winkte er mit zwei kleinen Flaschen Stella. Klar, ich hatte schlechte Laune. Aber in meinem Kopf erklangen die Glocken der Erleichterung. Ich ließ sie eine Weile klingen.

ABSTRICH

Mein Hausarzt Dr. M. hat ein untrügliches Gespür dafür, mich anzurufen, wenn ich mich im kleinsten Raum der Wohnung befinde. Natürlich gehe ich dann nicht ran, sondern rufe später zurück. Diesmal aber ging ich ran. Auf diesen Anruf hatte ich gewartet.

»M. hier«, sagte Dr. M.

»Gute Nachrichten?«, fragte ich.

»Sitzen Sie?«, fragte Dr. M.

»Ja«, sagte ich wahrheitsgemäß.

Einige Tage zuvor hatte mir Dr. M. ein Teststäbchen ins Zentrum meines Großhirns gerammt. Mit einem zweiten Teststäbchen lotete er aus, wie lang meine Speiseröhre ist. Anschließend zapfte er einige Liter Blut aus meinem rechten Arm.

»In einer Woche haben wir die Ergebnisse«, sagte er.

Er sagte es tatsächlich auf Deutsch, denn Dr. M. ist vor vielen Jahrzehnten aus München nach New York ausgewandert. Ich hatte ihn erstmals vor einigen Jahren auf Empfehlung des Kollegen O. aufgesucht, der für ein recht bekanntes deutsches Nachrichtenmagazin arbeitet, das er regelmäßig mit formidablen Reportagen vollschreibt. Mit kaum jemandem ging ich vor Corona so oft mittagessen wie mit dem Kollegen O. Gern saßen wir in einem italienischen Restaurant, das Robert De Niro gehört und, ehrlich gesagt, ziemlich mittelprächtig ist. Genau aus diesem Grunde ging O. da so gerne hin. Seine These ist, dass man sich bei einem richtig guten Italiener viel zu viele Gedanken über das Essen mache. In De Niros Laden hingegen wisse man immer, dass es nichts Besonderes sein werde, aber eben auch nicht schlecht. Genau so müsse es sein.

O. hat viele solcher Thesen und das Talent, sie in großer Ausführlichkeit darzulegen, weshalb es stets eine Freude war, mit ihm zu Mittag zu essen. Vor einigen Wochen ist er mit seiner Familie rüber nach Deutschland geflogen, um rasch ein paar Sachen zu erledigen. Dort wurde er vom US-Covid-Einreiseverbot für Europäer überrascht und hängt seitdem in Berlin fest.

Dr. M. war seine beste Empfehlung. Man kann sich keinen besseren Hausarzt wünschen. Trotz Corona sitzt er, zumindest äußerlich mit der Ruhe eines Zen-Mönchs, in seiner Praxis und behandelt Patienten, und als ich ihn neulich fragte, ob er keine Angst habe, schließlich gehöre er zur Risikogruppe, beschied er ohne eine Nanosekunde des Zögerns: »Nein.«

»Also«, sagte Dr. M. am Telefon, »der Covid-Test ist negativ.«

»Okay«, sagte ich.

»Aber der Antikörpertest ist positiv«, sagte er. »Sie dürften also erst einmal immun sein.«

Ich weiß nicht, ob es eine momentane Verwirrung war oder die schiere Erleichterung. Jedenfalls stand ich auf, drückte die Spülung und sagte zum Klang des einsetzenden Rauschens: »Das ist die absolut beste Nachricht seit Langem.«

BÜCHER

Wenn ich durch Buchläden streife, was neben zu langen Spaziergängen, Besuchen von Schrottbars und dem Verfassen von Western-Gedichten zu meinen Lieblingsbeschäftigungen zählt, zieht es meinen Blick bisweilen hin zu einem Buch, von dem ich noch nie gehört habe, und mein Gefühl sagt: Lies das! Ich vertraue diesem Gefühl unbedingt, und ich liege nicht oft, aber doch manchmal richtig. Eine der tollsten Entdeckungen, die ich auf diese Weise gemacht habe, ist der Roman *Das kurze wundersame Leben des Oscar Wao* von Junot Díaz. Das Buch ist so wunderbar, dass ich ab der Hälfte anfing, es langsam und dann immer langsamer zu lesen, damit es nie zu Ende geht.

Meine Freundin B. aus Hamburg zettelt gerade eine Revolution an, weil sie sich von Stadt und Staat alleingelassen fühlt mit Kinderbetreuung, Homeschooling und Home-Office, und ich bin sicher, da sie eine ebenso energische wie kluge Person ist, dass ihre Initiative bald zum Umsturz der Verhältnisse führt und die Frauen die Macht übernehmen. Ich glaube das wirklich, aber hier meldet sich mein schlechtes Gewissen: Während für viele Eltern die Corona-Tage dauernden Stress und nicht selten Überforderung bedeuten, hatte ich noch nie so viel Zeit, noch mal grundlegend über alles nachzudenken. Für mich sind es Wochen der Einkehr.

Als Korrespondent in New York beginnt man, wegen der Zeitverschiebung, mit der Arbeit in der Regel kurz nachdem die Sonne aufgeht, und wenn die Arbeit am späteren Nachmittag getan ist, sitze ich derzeit bei fast jedem Wetter mindestens eine Stunde auf meinem Balkon und studiere den Himmel über Hell's Kitchen. Nach Abschluss der Studien lese ich.

Selbst wenn man regelmäßig liest, schafft man nur 3000 bis 5000 Bücher im Leben. Das ist eine deprimierende Zahl. Vor allen Dingen steht sie als ständige Mahnung im Raum, keinen Mist zu lesen. Bücher zweimal lesen? Undenkbar. Der Schriftsteller Arno Schmidt (von dem ich viel zu wenig gelesen habe) schrieb: »Sie haben einfach keine Zeit, Kitsch oder auch nur Durchschnittliches zu lesen: Sie schaffen in Ihrem Leben nicht einmal sämtliche Werke der Hochliteratur.«

B. versucht gerade, neben Kinderbetreuung, Homeschooling und Weltrevolution noch irgendwie ihren zehnten Roman zu schreiben, was ihr Gehirn an manchen Tagen bis knapp vor die Kernschmelze treibt. Immer, wenn ich sage, dass es daher vermutlich ein eher intensives Buch werde, will sie mich erwürgen, und zwar langsam. Ich werde es trotzdem lesen.

Und der Díaz? Ein kleines bisschen kitschig ist es schon, das Buch, zugegeben. Vor allem aber ist es berührend und witzig und zart und albern und weise. Kurz dachte ich in dieser Woche an Arno Schmidt. Dann las ich die wundersame Geschichte des Oscar Wao zum zweiten Mal.

MENSCHENPAUSE

Es ist Samstag, kurz vor sechs Uhr am Abend, im Radiosender WNYC beginnt in wenigen Minuten die Sendung »Live from Here«, eine Art Varieté-Show unter Leitung des Mandolinisten Chris Thile. Es gibt eine Hausband, und es gibt Gäste, die entweder ebenfalls musizieren oder etwas vorlesen oder Sketche vortragen. Es ist als Radiosendung das, was einst die große Samstagabendshow im deutschen Fernsehen war. Wann immer es geht, höre ich zu.

Meistens wird die Sendung in der Town Hall in der 43rd Street aufgenommen, einem hundert Jahre alten Theater mit 1500 Plätzen, zwischen Broadway und 6th Avenue, und weil das nur rund fünfzehn Fußminuten von meiner Wohnung in Hell's Kitchen entfernt liegt, bin ich samstagabends öfter mal rübergeschlendert und habe mir die Aufzeichnung angesehen.

Seit einiger Zeit senden sie wegen Corona entweder alte Shows, oder die Musiker sitzen zu Hause, und alle Instrumente werden nach und nach aufgenommen und zusammengeschnitten. Der Applaus kommt dann vom Band. Es ist trotzdem eine fantastische Sendung, sie ist lässig und liebevoll, und Chris Thile verströmt die Energie eines Mannes, der aus einem anderen Universum für einen Abstecher auf die Erde gekommen ist und beschlossen hat, jede einzelne Sekunde dieser Reise zu genießen.

Wenn ich durch meinen Kalender blättere, lese ich dort

die Namen der Menschen, die mich zwischen Anfang März und Ende Mai besuchen wollten. Der Frühling ist die beste Zeit für einen Besuch in New York, weshalb sich zu dieser Jahreszeit meine Freunde, meine Bekannten, die Bekannten von Freunden sowie Bekannte von Bekannten und mir vollkommen unbekannte Menschen in meiner bescheidenen Bleibe einquartieren.

Da ich als Reisender oft von der Freundlichkeit der anderen profitiert habe, lasse ich das geschehen, und ich weiß noch, wie ich im Februar dachte, dass ich eine Menschenpause brauchen würde nach dem Besuchsansturm des Frühlings. Die Menschenpause kam dann zuerst.

Auch die Isländerin wollte in diesem Frühling nach New York kommen, mit diversen Kindern im Schlepptau, die Basketballspiele anschauen wollten, zum Beispiel im Madison Square Garden. Alles war geplant, alles war bereit. Luftmatratzen, die Tickets, und ich hatte eine halbe Tonne Bolognese gekocht und eingefroren und natürlich für die Isländerin und mich zwei Karten besorgt, damit wir samstagabends rüber zur Town Hall würden schlendern können, um die Aufzeichnung der Show anzusehen.

Es ist Samstag, kurz nach sechs am Abend, im Radiosender WNYC hat vor wenigen Minuten die Sendung »Live from Here« begonnen. Ich höre zu. Als sie zwei Stunden später vorbei ist, gehe ich raus auf den Balkon und winke in Richtung Ost/Nordost.

SUPERHELDEN

Auf dem Parkplatz, den ich von meinem Balkon aus überblicke, standen am Montag um 14.11 Uhr 22 Autos. Ich schrieb die Zahl in mein Notizbuch. Am Dienstag um 16.34 Uhr waren es schon 26 Autos. Notierte ich. Er fasst ungefähr 200, aber trotzdem wertete ich die Zahlen 22 und 26 als gutes Zeichen. Noch vor Kurzem standen dort höchstens vier Autos.

In vorpandemischer Zeit war der Parkplatz immer voll belegt. Man zahlt 25 Dollar für den Tag, abends muss man raus. Nachts liegt er daher friedlich und leer, eine ungenutzte Fläche in einer Gegend, in der jeder Quadratzentimeter Boden so viel kostet wie ein faustgroßes Goldnugget. 25 Dollar sind okay. Manche Parkhäuser werben damit, dass sie »nur acht Dollar (plus Steuern)« für 30 Minuten nehmen.

In den Wochen der Quarantäne blickte ich viel auf diesen Parkplatz, und wenn alle paar Stunden ein Auto kam, das ich zählen konnte, war ich fast so aufgeregt wie die Parkplatzwächter, die das Gros ihrer Tage dösend auf Klappstühlen verbrachten. Das Parken funktioniert so: Die Leute stellen ihr Auto an der Einfahrt ab, die Parkplatzwächter parken es. Das machten sie auch in den vergangenen Wochen so, obwohl in Anbetracht der Tatsache, dass der Platz so leer war wie Wyoming, niemand Hilfe beim Einparken brauchte. Ich schätze, es geht dabei ums Grundsätzliche, um eine Art Parkplatzwächterehre.

Seit ich positiv auf Antikörper getestet wurde, habe ich die Parkplatzbeobachtung weitgehend durch Spaziergänge ersetzt. Ich halte Abstand und trage eine Maske, aber ich laufe ohne Sorge. Es fühlt sich an, als wäre ich durch die Antikörper mit einer Superkraft ausgestattet, was insofern passend erscheint, als in Hell's Kitchen mehrere Superhelden wirken, zum Beispiel Daredevil, Jessica Jones oder der, wie sein Name andeutet, zur Brutalität neigende *Punisher*. Wenn ich in vorpandemischer Zeit nächtens von den lokalen Bars zurückkehrte und über diese besondere Konzentration verfügte, sah ich manchmal einen von ihnen auf der 9th Avenue ebenso rasch erscheinen wie verschwinden.

Derzeit spaziere ich entweder rauf zum Central Park und sehe dort nach dem Rechten, oder ich kontrolliere die Lage unten am Times Square, wo die Leuchtreklamen unbeirrt in die Leere blinken. Dann biege ich ein paarmal ab, schlage einige Haken, passiere eine Schrottbar namens Rudy's, die wohl frühestens Mitte Juni wieder aufmacht, und arbeite mich zurück in Richtung Norden. Schließlich überquere ich den Parkplatz und zähle die Autos.

Nachdem ich ihn am Mittwoch um 16.56 Uhr durchmessen hatte, hörte ich eine Stimme in meinem Kopf, die raunte: »Da geht er, festen Schrittes seiner Haustür entgegenstrebend, Hell's Kitchens neuer Superheld, der, wie sein Name andeutet, zur Pedanterie neigende *Numerator*.« Auf dem Parkplatz standen zu diesem Zeitpunkt 32 Autos.

NUMERATOR

Nun gibt es also diesen neuen Superhelden, der in Hell's Kitchen für Ordnung sorgt. Schon lange passen Daredevil, Jessica Jones und der Punisher auf die Bewohner des Viertels auf. Kürzlich hat sich der Numerator ungefragt zu diesem Trio gesellt, und ich trete ihm hoffentlich nicht zu nahe, wenn ich verrate, dass es sich beim Numerator um einen mittelalten, etwas zu wohlgenährten Mann handelt, der, wie so viele der führenden Superhelden, zur Tarnung als Journalist arbeitet. Seine Superkraft, wenn man sie so nennen möchte, besteht darin, dass er gerne zählt.

Der Numerator patrouilliert in der Regel zwischen dem Times Square, der südlich seiner für einen Superhelden arg bescheidenen Residenz liegt, und dem Central Park, wo er, wenn er sich eine Pause vom Superheldentum erlaubt, oft links hinter der Bow Bridge auf einer Bank sitzt und eine Selbstgedrehte raucht. An der Bow Bridge steht an 365 Tagen im Jahr ein von den Teufeln gesandter Saxofonist, der »Careless Whisper« von *Wham!* spielt. In Schaltjahren, betont der Numerator, sind es 366 Tage.

Anfang der Woche war der Numerator wie so oft des Nachts auf den Straßen unterwegs. Er prüfte die Lage am Times Square, wo sich Hunderte Demonstranten versammelt hatten, um gegen Polizeigewalt zu protestieren. Sie rannten wild durcheinander, was seine Arbeit unnötig erschwerte, aber der Numerator zählte sie. Als die Polizei ihn fragte, was er da mache, zeigte er seinen Presseausweis. Die Polizei sagte, er solle sich verpissen. Der Numerator lächelte ein feines Lächeln und verzog sich in eine Seitenstraße, von wo aus er unauffällig weiterzählte.

Er war stolz darauf, wie gut er das hingekriegt hatte. Im Grunde, dachte er, gab es zwischen ihm und Daredevil nicht den geringsten Unterschied. Außer vielleicht, dass Daredevil wirklich über Superkräfte verfügte.

Der Numerator folgte den Demonstranten, sie zogen nach Osten. Ein Jogger lief ungerührt durch das Treiben. Der Numerator zählte ihn. Wenig später fand er sich auf der 5th Avenue wieder, wo Scheiben eingeschlagen und Läden geplündert wurden, wo Feuerwerkskörper flogen und die Polizei mit Pfefferspray und Plastikgeschossen versuchte, Herr eines jugendlichen und vorwiegend weißen Mobs zu werden, der die zuvor friedlichen Proteste gekapert hatte. Der Numerator spürte eine Enge in seiner Brust. Er zählte die Sekunden. Eine Sekunde. Zwei Sekunden. Fünf Sekunden. Die Enge war immer noch da.

Er überquerte die 6th Avenue, die 7th Avenue, schneller und schneller, er überquerte den Broadway und die 8th Avenue. Nie würde er es jemandem verraten. Aber der Numerator war zurück nach Hause geeilt, nach Hell's Kitchen, weil er inmitten der Krawalle plötzlich eine Scheißangst hatte.

REVOLUTION

Alle paar Monate kommt die Hausverwaltung des ehemaligen Schwesternwohnheims, in dem ich eine bescheidene Bleibe gefunden habe, mit dem Plan um die Ecke, die Balkone zu renovieren. Vor wenigen Tagen flatterte wieder ein Brief rein mit dem Hinweis, es gehe jetzt sofort los.

Bei der ersten Ankündigung vor knapp einem Jahr hatte ich alles vom Balkon ins Wohnzimmer geräumt, das einige Wochen lang aussah wie eine Mischung aus Blumengeschäft und Trödelmarkt. Nichts geschah, und allmählich räumte ich die Pflanzen, darunter meinen wunderbaren Hibiskus, die beiden Grills, die abgerockten Balkonmöbel und den Sonnenschirm wieder raus. Bei der zweiten Ankündigung räumte ich erst mal nur die Pflanzen rein. Die dritte Ankündigung ignorierte ich.

Jajaja, schrieb die Hausverwaltung dieses Mal, man habe in der Vergangenheit Renovierungen angekündigt, und es sei nichts passiert. Diesmal aber sei es ernst. UMGEHEND sei alles von den Balkonen zu entfernen. Diese seien ab sofort gesperrt. Es werde zudem angemahnt, die Klimaanlagen nicht mehr zu benutzen, da sie den Baustaub ins Innere der Wohnungen bliesen.

Die Hausverwaltung ist seit jeher ein mies organisierter Laden, dessen Hauptaufgabe darin besteht, allen möglichst umfassend auf die Nerven zu gehen. Aber auf so eine Idee muss man zur Corona-Zeit und zu Beginn des ebenso brutalen wie schwülheißen New Yorker Sommers erst mal kommen.

Einen Tag später wehte ein zweiter Brief herein. Von Ronny, einem Zausel aus dem 5. Stock. Es war ein Aufruf an alle Bewohner der 143 »Einheiten«, sich zu organisieren. Es kam mir seltsam vor, dass gerade das halbe Land gegen Rassismus und Polizeigewalt auf die Straße ging, und wir uns nun zusammentun sollten, um gegen die Renovierung der Balkone zu protestieren. Aber ich war dabei.

Wir trafen uns im Keller, gleich neben der Waschküche. Etwa 70 Leute waren gekommen, es wurden leidenschaftliche Reden gehalten. Wegen Corona würden alle von zu Hause aus arbeiten, hieß es. Die Balkone seien daher überlebenswichtig.

Bald redeten alle wild durcheinander, die Stimmung heizte sich so sehr auf, dass die lautstark vorgetragene Behauptung einer Mieterin, die Hausverwaltung untergrabe unsere Menschenrechte, noch zu den sachlicheren Beiträgen zählte. Schließlich wurde unter Federführung von Ronny ein Schreiben aufgesetzt, scharf im Ton, hart in der Sache. Zentrale Forderung: die SOFORTIGE Aussetzung der Balkonrenovierungen. Ich wohnte hier lange genug. Ich erwartete keine Antwort.

Weitere zwei Tage später war ein neuer Brief der Hausverwaltung da. Man habe uns gehört. Die Renovierung werde SOFORT ausgesetzt. Erst im kühleren Herbst gehe es los. Ich war sprachlos. Zugegeben, wir haben nicht den Rassismus beendet und auch nicht die Polizeigewalt. Aber ist es nicht der leise Wind, der vom lauten Sturm kündet? Und wer weiß: Vielleicht stehen, nachdem unserer Hausgemeinschaft unter Führung von Ronny aus dem 5. Stock dieser Sieg gelungen ist, zumindest in Hell's Kitchen jetzt alle Hebel auf Revolution.

SHRIMPS

Das Bürotelefon klingelte. Es ist schwarz. Entgegen meiner Gewohnheit ging ich sofort ran.

»V. hier«, sagte mein Freund V., der Fremdenführer.

»Ich weiß«, sagte ich.

»Wir kommen gleich zum Grillen vorbei. Keine Widerrede.«

»Ist okay«, sagte ich.

In normalen Sommern laden sich dauernd Leute auf meinen Balkon zum Grillen ein. Die Aussicht ist herrlich, der Himmel wölbt sich in erhabenem Schlumpfblau über Hell's Kitchen, und ich bin einer der wenigen Menschen in New York, die neben einem Gasgrill auch einen Kohlegrill betreiben. Beides ist auf dem Balkon verboten, aber ach, es ist so vieles verboten.

Da dies kein normaler Sommer ist, hatte sich bisher noch niemand zum Grillen eingeladen. Wenn ich grillte, dann grillte ich allein.

»Wir treffen uns vor dem Amish Market und kaufen gemeinsam alles ein«, beschied V.

»Ist okay«, sagte ich.

»Wir sind in zwei Stunden da. R. will Steak, Shrimps und Maiskolben.«

»Ich weiß«, sagte ich.

Behutsam legte ich den Hörer zurück auf die Gabel. R. ist V.s Freundin. Sommers will sie grundsätzlich und immer

Steak, Shrimps und Maiskolben. Winters bevorzugt sie Sushi.

Zwei Stunden später zog ich mir Socken, Schuhe und eine Maske an und schlenderte rüber zum Amish Market. Mittlerweile sind die Lokale für den Verkauf außer Haus wieder geöffnet, was dazu führte, dass die Leute in Gruppen davorstanden und sich allmählich volllaufen ließen. Maske trug kaum jemand, und wenn, dann nur über dem Kinn. An den Mindestabstand hielt sich niemand. Das ist verboten, aber ach, es ist so vieles verboten.

V. war wie immer pünktlich. Er zeigte auf die Menschenmassen.

»Siehst du das?«, fragte er.

Wie ich hatten V. und R. das Virus schon, wir sind, nach allem, was man weiß, immun. Im Grunde hätte es ihm daher egal sein können, dass die Leute sich nicht mehr an die Beschränkungen hielten. Ich schaute ihn an.

»Die Leute trinken Bier aus PLASTIKBECHERN«, stieß er hervor. Ich sagte nichts.

»DAS sollte verboten werden«, sagte V.

Aus manchen Lokalen dröhnte mexikanische Musik. Ein Polizeiwagen rollte, von Norden kommend, die 9th Avenue hinunter. Größere Versammlungen sind noch immer untersagt, Alkohol auf der Straße sowieso. Der Polizeiwagen rollte weiter in Richtung Süden, der Sonne entgegen. Ich blinzelte ihm hinterher. Es war der bisher schönste Tag des Jahres, und ja, die Leute werden für diesen Moment der Freiheit vermutlich bezahlen, Corona wird wiederkommen.

»Nun sag' halt was«, sagte V.

»Ach«, sagte ich, »es ist so vieles verboten.«

KEBAP

Ja, liebe Leute vom Istanbul Kebap House, ihr macht das beste Kebap in Hell's Kitchen. Müssen wir gar nicht drüber diskutieren. Ihr liefert superschnell. Das Essen schmeckt zum Niederknien gut. Sogar euer Reis ist irgendwie besser als der Reis der anderen. Keine Ahnung, wie ihr das macht. Geht mich auch gar nichts an. Ich hatte daher in den vergangenen Jahren deutlich zu viele Kebaps bei euch bestellt. Die kleine Portion zu 12,95 Dollar, das war echt teuer, aber für New York zumindest halbwegs okay. Dennoch hatte ich mit euch gebrochen.

Warum? Nein, es lag nicht daran, dass ich die Corona-Pfunde so dringend wieder runterkriegen wollte. Und ja, es sind mittlerweile nicht mehr Corona-Pfunde, sondern Corona-Kilos. Wisst ihr übrigens, liebe Leute vom Istanbul Kebap House, dass ich das Fleisch, den Reis und den Salat und die beiden Soßen immer in einer großen Schüssel zusammengekippt habe? Zweimal umrühren, fertig. Gott, was war das lecker.

Wobei, die Leute von Pure Thai sind auch nicht schlecht. Ich sag's euch ganz ehrlich, so kennt ihr mich. Deren hausgemachte Nudeln sind der Hammer. Und die Jungs und Mädels von Empanada Mama müssen sich wirklich nicht verstecken. Kein bisschen, und weil sie das wissen, haben sie 24 Stunden auf. Lucky Burger? Die Ringelfritten sind der Wahnsinn. Ja, liebe Leute vom Istanbul Kebap House, ihr seid nicht das einzige Restaurant hier in der Gegend. Wusstet ihr schon, sagt ihr? Ich bin mir da nicht so sicher.

Denn was habt ihr euch dabei gedacht, den Preis für ein Kebap mitten in der Pandemie auf 18,95 Dollar hochzuhauen? Wenn viele Menschen sich nicht in die Supermärkte trauen und deshalb in den Restaurants bestellen? Und habt ihr mal darüber nachgedacht, dass viele Leute jetzt erst recht in den Restaurants bestellen, damit es euch noch gibt, wenn die Krise vorbei ist? 18,95? Ihr habt sie doch nicht alle.

Ja, ich habe bei euch angerufen. Ich war der Typ, der am Telefon sagte: Spinnt ihr? Geht von mir aus zwei Dollar hoch, habe ich gesagt. Nehmt von mir aus obendrauf noch einen Dollar Corona-Liefergebühr. Aber 18,95?

Wisst ihr noch, was ihr geantwortet habt? Ihr habt gesagt, ich solle halt woanders essen, wenn's mir nicht passe. Und dann habt ihr ein Schimpfwort benutzt. Und ich sagte, dann esse ich nie wieder bei euch. Und dann habe ich ein Schimpfwort benutzt.

Fast zwei Monate lang habe ich durchgehalten. Ich habe Kebaps bei ABA, Zorba, Akdeniz, Sophra, Antalia und bei Sahara's geordert, alles ausnehmend gute Läden. Aber immer blieb am Ende diese Enttäuschung.

In dieser Woche wählte ich mit einem Knoten im Bauch eure Nummer und bestellte, und ich sage es euch schon wieder ganz ehrlich, ihr lieben Leute vom Istanbul Kebap House: Ich hasse euch dafür, dass euer Kebap besser schmeckte als jemals zuvor.

ALLES RUNTER VOM BALKON

Zugegeben, es war naiv zu glauben, dass wir, die tapferen Bewohner eines ehemaligen Schwesternwohnheims in Hell's Kitchen, eine Chance haben würden gegen die sinistren Kräfte New Yorks. Erst hatte alles nach dem großen Sieg ausgesehen, als wir vor gut drei Wochen erreichten, dass die für den Sommer angesetzte Renovierung der Balkone bis zum Herbst aufgeschoben wurde. Oh ja, schrieb die Hausverwaltung, nachdem wir als Gemeinschaft protestiert hatten, man sehe ein, dass wegen Corona fast alle von zu Hause arbeiteten und gerade in den brutalen Sommern New Yorks die Balkone und die Klimaanlagen wichtig seien. Wir dachten, wir hätten die Macht der Mieter bewiesen.

Am Montagmorgen begann um kurz nach sieben ein Trupp von Männern, der sich vom Dach aus Zutritt verschafft hatte, den Boden des leeren Balkons meiner Nachbarn aufzureißen. Meine Nachbarn sind drei junge Leute ohne Arg, die gern spät ins Bett gehen und sich vorher an Musik erfreuen, die ich in der Sprache des mittelalten Mannes als »nicht ganz so geil« beschreiben würde. Als sie später am Tag ihre Balkontür öffneten, blickten sie auf eine Landschaft der Trümmer.

Ich beschloss, erst einmal so zu tun, als wäre nichts. Als es am Montagnachmittag ausdauernd an meiner Tür klopfte, gab ich vor, nicht da zu sein, obwohl das Büroradio hörbar davon kündete, dass ich zu Hause war. Am Dienstagmorgen klopfte es ab sieben Uhr erneut an meiner Tür. Ich saß im Büro und tat weiterhin so, als wäre nichts. Schließlich verlor ich, wie alle guten Männer das irgendwann tun, die Nerven. Ich öffnete. Ein Typ stand da und befahl, dass SOFORT alles vom Balkon zu räumen sei. Mein Balkon ist mein Garten, mein Paradies.

Ich schloss die Tür.

Ich rief Gio an, den Hausmeister.

»GIOVANNI«, sagte ich.

»Tut mir echt leid«, sagte er, »ich bin im Urlaub, und die Firma hat einfach angefangen, und jetzt gibt es kein Zurück, weil der andere Balkon schon offen liegt. Wenn sie den machen, müssen sie deinen auch gleich machen.«

»Das ist nicht dein Ernst«, sagte ich.

»Christian«, sagte er, »bitte.«

Niemals nennt Giovanni mich Christian. Er nennt mich Chris.

Es klopfte wieder an der Tür. Ich öffnete. Der Typ stand immer noch da.

»Aber die Hausverwaltung hat doch geschrieben, dass …«, sagte ich.

»Haben Sie wirklich gedacht, wir warten bis zum Herbst?«, fragte er.

»Ja«, sagte ich.

»Alles runter vom Balkon«, sagte er.

Ich habe zwei- oder dreimal geschrieben, ich sei jetzt wirklich in der Stadt angekommen. Die Wahrheit ist, dass ich immer noch viel zu grün hinter den Ohren bin, um auch nur zu einem Achtel als New Yorker durchzugehen.

KNOSPE

Die Arbeiten auf den Balkonen laufen wie erwartet. Ein neunköpfiger Einsatztrupp hatte zunächst die Böden bei den Nachbarn und bei mir aufgerissen, unter Einsatz von Presslufthämmern, Bohrmeißeln und weiterem Schwergerät, dessen einzig erkennbare Funktion darin bestand, Lärm zu erzeugen. Im Vergleich zu dem, was seit zwei Wochen auf den Balkonen hier im 17. Stock stattfindet, muss man sich den Bau des Gotthard-Basistunnels als Unterfangen des Flüsterns vorstellen.

Es begann täglich zwischen sieben und acht Uhr morgens mit PRADENG, zog sich über den Vormittag mit beißendem Gedröhn, pausierte mittags, sodass endlich wieder das beruhigende Jaulen der Sirenen von den Straßen zu hören war, und setzte sich des Nachmittags fort mit KRAWONK. Gegen Abend, wenn die Gewitterwolken sich, wie in dieser Jahreszeit üblich, zu graudunklen Schichtkuchen über Hell's Kitchen aufbauten, entschwanden die Arbeiter, und ich war so erschöpft, als hätte ich selbst den ganzen Tag in der Schwüle New Yorks an den Lärmmaschinen gestanden. In meinen Ohren brummte es leise, aber vernehmbar.

Drinnen, im Wohnzimmer, kämpfen die Pflanzen, die ich wegen der Arbeiten reinräumen musste. Ich gieße sie, umhege sie, ich lese ihnen Geschichten von Alice Munro vor und Gedichte von Nicolas Born, aber ich weiß, dass ich sie nicht alle durchbringen werde. Der Hibiskus hat, in einem Akt der Empörung, sämtliche Blüten abgeworfen.

Die Tomaten haben beschlossen, nicht weiterzuwachsen und, vielleicht auf ewig, klein und grün zu bleiben. Die Geranien (ja, ich hatte Geranien zugekauft, der Pflanzenmarkt hatte im Frühling wegen Corona nichts anderes) stehen als blattlose Skelette in ihren Kästen. Nur dem Rosmarin scheint das alles nichts auszumachen. Vielleicht ist er taub.

Nach dem Aufreißen der Böden folgte das Aufschweißen der ersten Schicht von Teerpappen, das immer noch andauert. Es sind jetzt nur noch zwei Arbeiter da, die vom rosenfingrigen Morgen bis zum schichtkuchigen Abend schweißen und die Luft mit dem Geruch aus jenem Kreis der Hölle füllen, in den man entweder wegen eines fürchterlichen Irrtums kommt oder weil man in seinem Erdenleben etwas besonders Mieses verbrochen hat.

Zum ersten Mal hatte ich den Balkon vor Jahren mit der Isländerin bepflanzt. Ihre Winde hatten sie damals, wie so oft, zur rechten Zeit vorbeigeweht. Ich denke gerade viel an sie, weil die Isländerin sich, während der Balkon die Renovierung erlebt, einer kleineren Reparatur unterziehen musste und man ihr im Krankenhaus mittags Möhren und Kartoffelpüree serviert.

Den Hibiskus hatten wir damals gemeinsam ausgesucht. Als ich ihn Mitte der Woche mit strenger Stimme daran erinnerte, brachte er, wie mir schien, nicht bloß pflichtschuldig eine neue Knospe hervor.

KRÄNKUNG

Die beiden verbliebenen Arbeiter, die für die Renovierung meines Balkons eingeteilt wurden, sind beleidigt. Seit Dienstag dieser Woche kommen sie deshalb erst gegen neun Uhr über eine Leiter vom Dach, verteilen allerlei Gerät auf der neuen, nachlässig aufgeschweißten Teerpappe, um dann einige Stunden lang Zigaretten zu rauchen. Gegen spätestens zwei Uhr sammeln sie das unbenutzte Gerät wieder ein und verschwinden.

Ich bin kein Experte für Teerpappen oder das Aufschweißen derselben, aber dass der Job nachlässig erledigt wurde, weiß ich, weil der Balkon nicht mehr dicht ist, was ich wiederum weiß, weil nach Regenfällen mein Wohnzimmer unter Wasser steht, was ich erstmals am Freitag vergangener Woche bemerkte, als sich im Laufe des Abends ein See von der Größe des Lake Superior ausbreitete. Das Wochenende verbrachte ich damit, das Wasser unter Einsatz sämtlicher Handtücher und Bettdecken aufzunehmen, diese im Bad auszuwringen und im Keller in den Trockner zu werfen, um eine Stunde später von vorne anzufangen.

An diesem Montagmorgen hatte ich den Arbeitern erklärt, dass es so nicht weitergehe. Vielleicht war ich etwas zu energisch. Kann schon sein. Sie seien, sagte ich zu den Arbeitern, offenbar ebenso wenig dicht wie der Balkon. Obwohl sie wenig bis gar kein Englisch sprechen, schienen sie an diesem Vergleich Anstoß zu nehmen. Ihr eilig hinzugerufener Boss war ebenfalls empört. Der Wassereinbruch, sagte er, habe nichts mit den Arbeiten zu tun. Dafür verbürge er sich. Meinen Hinweis, dass vor Beginn der Arbeiten niemals Wasser im Wohnzimmer stand, nun aber doch, tat er als unlogisch ab. Seine Arbeiter rauchten.

Er schied mit dem Hinweis, dass in den kommenden Tagen ohnehin kein Regen vorhergesagt sei und schon bald mit der Versiegelung des Balkons begonnen werden könne. »Das heißt, er ist derzeit nicht versiegelt?«, fragte ich.

Der Balkon-Boss schaute mich an. Dann stieg er kopfschüttelnd über die Leiter aufs Dach, wo er, wie mir schien, ein paarmal fest auftrat, um seiner Enttäuschung über meine Kritik Ausdruck zu verleihen.

»Okay«, sagte ich zu den beiden rauchenden Arbeitern, »es tut mir echt leid. Aber wie lange, glauben Sie, wird das alles noch dauern?«

Sie rauchten. Sie schwiegen. Ich spürte ihre Kränkung. Was, das zeigten sie mir deutlich, hatten ausgerechnet sie mit dem Wasser in meinem Wohnzimmer zu tun?

Schließlich sprach einer der beiden.

»Long«, sagte er.

»Yes, HOW LONG?«, fragte ich.

Er ließ seinen Blick nach links schweifen über meinen schmalen, aber, zugegeben, ziemlich langen Balkon. Und dann nach rechts auf den der Nachbarn, ebenfalls schmal und lang.

Er nickte.

»Yes«, sagte er, »balcony very long.«

VUCHSTAVEN

Das Bürotelefon klingelte. Es ist schwarz. Ich ließ es eine Weile klingeln, da ich gerade das Keyboard meines Computers säuberte und deshalb sämtliche Tasten abgenommen hatte. Allerdings hatte ich nicht daran gedacht, dass es ein Problem sein könnte, sie alle wieder an die richtige Stelle zu setzen. Mit den Zahlen ist es einfach. Sie sind, wenig überraschend, aufsteigend von links nach rechts angeordnet. Mit den Buchstaben ist es so eine Sache. Wo fejörte das B nochmal jin?

Das Klingeln wurde eindringlicher. Ich nahm den Hörer von der Gabel.

»V.«, rief ich, »was willst du?«

»Hier ist Heidi«, sagte Heidi P.

»Habe ich schon mal gefragt, woher du diese Nummer hast?«, fragte ich.

»Ja«, sagte Heidi P.

Ich legte auf. Meines Wissens haben lediglich mein Freund V., der Fremdenführer, und eine gewisse *Süddeutsche Zeitung* die Nummer des Bürotelefons, aber ich erinnerte mich, ich möchte sagen: schemenhaft, daran, dass Heidi P. sie aus unerfindlichen Gründen ebenfalls kennt. Sie ist Ingenieurin.

Das Telefon klingelte erneut.

»Wir fahren zu Nickis Bar«, sagte Heidi P., »es geht in Soho los, und du kommst mit.« Ich seufzte. Sie legte auf.

Bei Heidi P. verbringe ich, seit ich in Hell's Kitchen wohne, Thanksgiving. Manchmal auch Silvester. Ihre gute Freundin Nicki betreibt eine Bar namens »40 Knots« in Brooklyn, genauer gesagt: in Red Hook, also mittig ganz links in Brooklyn. Man darf dort seit Kürzerem wieder draußen sitzen und wegen Corona nur draußen. Nicki hat zehn Jahre lang alles in diese Bar investiert. Sie hat mit den Behörden über immer neue Feuerschutzbestimmungen gestritten. Sie hat Karaoke-Nächte eingeführt, abgeschafft und wieder eingeführt. Einmal hörte ich Heidi P. in einer dieser Nächte mit ihrer Ingenieursstimme singen.

Nicki hat Kredite aufgenommen, abbezahlt und neue Kredite aufgenommen, für Kühlschränke, für Zapfanlagen, für alles.

Ich nahm den D-Train, runter nach Soho, und stieg zu Heidi P. ins Auto. Wir fuhren nach Red Hook. Nicki hatte schon gewartet, weil außer uns niemand vor der Bar sitzen wollte. Sie brachte uns zwei Biere. Einen Monat ohne Gäste. Ja, das hätte sie überlebt, sagte sie. Vielleicht zwei.

»Wirst du zumachen?«, fragte Heidi.

Nicki ging nach drinnen, um nach ein paar Sachen zu sehen. Zehn Jahre. Heidi schwieg. Ich trank von dem Bier, es war ein Brooklyn Lager, und ich sagte zu Heidi, dass ich Brooklyn Lager noch nie mochte. Heidi schaute mich an. »Niemand mag Brooklyn Lager«, sagte sie.

Nicki kam zurück und setzte sich zu uns. Sie sah Heidi an. Und mich. »Sagt halt was«, sagte sie. Ich nahm einen Schluck Brooklyn Lager. Ich sagte: »Die Vuchstaven wergen nie wieger zusammenpassen.«

LIEBE GÖTTER

Also, Götter, die ihr für die 51st Street in Hell's Kitchen zuständig seid. Ich habe den Verdacht, dass die Pandemie von euch unbemerkt etwas Ungutes anrichtet. Ihr kennt die Menschen hier in der Straße, oder? Ihr kennt die Frau, die ihre Zeit damit verbringt, zwischen 8th und 9th Avenue hin- und herzuwandern, ostwärts, westwärts, immer wieder, den ganzen Tag? Sie mag 30 sein, sie mag 60 sein, es ist unmöglich, ihr Alter zu schätzen. Ich glaube, dass sie abhängig von Crack war oder ist. Ihre Gedanken sind zu lose, um in unserer Welt noch Halt zu finden.

Es gibt hier, das wisst ihr, schildkrötenhafte Männer, die auf den Treppenaufgängen vor den Häusern sitzen, Zigaretten rauchen und einen eigentümlichen Geruch verströmen. Es gibt die Bewohner des Halfway House schräg gegenüber, einer Einrichtung für Menschen, die aus dem Knast gekommen sind und lernen sollen, sich wieder ins sogenannte Leben zu integrieren. Diese Integrationsversuche sehen zum Beispiel so aus, dass sie den Deutschen aus dem ehemaligen Schwesternwohnheim in Gespräche verwickeln. Oft geht es dabei um die Frage, ob der Deutsche ein paar Dollar übrig habe. Aber manchmal, und jetzt hört zu, geht es um die Frage, wann genau die Götter uns verlassen haben.

Schaut: Seit vor fünf Wochen die auf maximal drei Wochen angelegte Renovierung meines Balkons begonnen hat, deren Ende noch lange nicht abzusehen ist, bin ich jeden Tag draußen und spaziere durchs Viertel. Nicht ein einziges Mal habe ich die wandernde Frau gesehen. Die Schildkröten-Männer sind verschwunden. Und ich frage mich, ob das Halfway House vorübergehend geschlossen hat.

Was ich stattdessen sehe, sind junge Männer, deren Alter sich ohne Probleme schätzen lässt. Sie sind unter 30, sie sind fit und haben Zähne. Sie laufen die Straße entlang, ostwärts, westwärts, immer wieder. Manchmal sitzen sie sogar auf den Treppenaufgängen. Sie beginnen Gespräche, die sich allein darum drehen, dass der Deutsche aus dem ehemaligen Schwesternwohnheim doch sicherlich ein paar Dollar zu viel in seinen Hosentaschen vergraben habe.

Liebe Götter, ich habe den Verdacht, dass hier eine Art von Gentrifizierung stattfindet. Dass sich wegen Corona und der damit verbundenen, vorübergehenden Abwesenheit des Stammpersonals in unserer Straße ein neues Geschäftsfeld eröffnet hat und dass die jungen, aggressiven Bettler die alten, harmlosen Bettler vertreiben.

Keine Sorge, wir haben die Dinge hier ganz gut im Griff. Ich habe schon mit Tracy Westmoreland gesprochen, dem Botschafter von Hell's Kitchen. Aber eins sage ich euch: Ich habe echt nicht das beste Gefühl. Und wenn, Götter, die Sache aus dem Ruder läuft, dann erwarte ich von euch eine massive Bodenpräsenz in der 51st Street. Und zwar pronto.

RATTEN

Vor zweieinhalb Monaten lief ich Stunde um Stunde durch New York und sprach mit Restaurantbesitzerinnen, Fußbodenverlegern, Gitarrenbauern, Gemüsehändlern und Fremdenführerinnen, und wenn ich nicht lief, saß ich im Battery Park gegenüber der Freiheitsstatue und versuchte erfolglos, die Angler in Gespräche zu verwickeln. Die Idee war, eine Reportage darüber zu schreiben, wie New Yorks Puls zu seinem stählernen Schlag zurückkehrt, nachdem das Virus ihm alles Metallene ausgetrieben hatte.

Ich hatte mich bereits im März infiziert und danach mehrere Wochen in meiner Bleibe in Hell's Kitchen ausgeharrt. Eine Zeit, in der ich zu oft Kniffel gegen mich selbst spielte und mit entschiedener Absicht kein Corona-Tagebuch schrieb. Eine Zeit, in der ich bisweilen dachte, ich sitze im Knast.

Meine Symptome: Schnupfen, zehn Tage nichts gerochen. Ich hatte Glück. Da ich im chinesischen Sternzeichen des Schweins geboren wurde, hat mich das – obwohl ich vollkommen unesoterisch veranlagt bin – nicht überrascht. Das Glück und der Schmerz sind seit jeher meine Begleiter.

Die Reportage habe ich dann nie geschrieben, was daran lag, dass Ende Mai der Afroamerikaner George Floyd von einem weißen Polizisten getötet wurde und es wichtigere Themen gab als die Befindlichkeiten New Yorks.

Ich schrieb und schrieb, aber nie über die Fußbodenverleger. Nie über die Uber-Fahrer, die ihre Wagen aus Angst vor Infektion mit Plastikfolien vollgetackert hatten. Nie über die so spürbare Verletzlichkeit dieser Stadt, die sich für unverwundbar gehalten hatte. Und nie über die fuchsgroße Ratte von Brooklyn.

Damals war ich auch nach Prospect Heights gefahren, um mit Ilene und Sara zu sprechen, die dort ein Lebensmittelgeschäft betreiben. Wegen der Pandemie durften sie niemanden reinlassen, aber die Nachbarn haben im Internet weiterbestellt, weil sie den Laden lieben. Während wir redeten, standen die beiden hinter einem Tisch am Eingang des Ladens und reichten ununterbrochen die Papiertüten mit den Bestellungen raus. Ich saß in zwei Metern Abstand auf einer Holzkiste.

Nach einer halben Stunde spazierte eine Ratte vorbei, die so lang war wie mein Unterarm. Ilene und Sara blieben cool, ich sprang auf und rief: »Habt ihr das gesehen?« Nach weiteren zehn Minuten spazierte die Ratte zurück und verschwand nach links um die Ecke in die St. Marks Avenue. Ilene und Sara erklärten mir, dass auch die zwei Millionen New Yorker Ratten unter der Krise litten, weil durch die Schließung der 27000 Restaurants der Stadt deren Nahrungsgrundlage weggefallen sei.

»Hm«, sagte ich.

»Und weißt du, welchem Tier das Jahr 2020 im chinesischen Kalender gewidmet ist?«, fragte Sara.

»Nein«, log ich, da ich vollkommen unesoterisch veranlagt bin.

EMILIO

Emilio's Ballato ist eines dieser italienischen Restaurants in New York, die dir schwer auf den Zeiger gehen können. Im Ballato haben sie ihren Betrieb wegen der Corona-Krise komplett nach draußen verlegt. Vor der Pandemie saß Emilio Vitolo, der Besitzer, gleich rechts hinterm Eingang und musterte dich, wenn du reinkamst. Wenn er dich okay fand, bekamst du einen Tisch. Das war damals schon lächerlich.

Jetzt sitzt er draußen, gleich links vorm Eingang. Du spazierst die East Houston Street entlang, du näherst dich. Du nickst ihm zu. Du denkst: Er wird sich freuen, dass seine Stammgäste zu ihm halten. Emilio tut so, als hätte er dich noch nie gesehen.

Einer der Kellner eilt herbei und ruft: Wie schön, Sie zu sehen. Du fragst, ob du einen Tisch für zwei bekommen könntest. Deine Begleitung sei noch nicht da, werde aber jede Sekunde eintreffen. Alte Regel: Du bist diesen Tick eher da und machst den Tisch klar und bestellst ihren Lieblingsaperitif. Du siehst: Es sind fünf von sechs Tischen frei. Du denkst: Corona wird früher oder später all diese Restaurants zerstören.

Der Kellner sagt: Tisch für zwei? Für Sie immer. Dann räuspert sich Emilio.

Emilio sagt, nein, er presst es aus seinem linken Mundwinkel heraus, mit einer Stimme, die vermutlich klingen soll wie die von Marlon Brando in »Der Pate«, aber tatsächlich klingt wie eine zu weit fortgeschrittene Laryngitis, dass das Lokal schon voll sei.

»Oh«, sagt der Kellner, »ich höre gerade, dass leider alles ausreserviert ist.« Du seufzt. Du schaust zu Emilio und sagst: »Emilio, wirklich?« Emilio studiert die Maserung des Plastiktisches, an dem er sitzt. Ja, Billy Joel hat in seinem Lokal gegessen. Mehrmals. Ja, Tom Hanks war mal da. Und als Barack Obama vorbeischaute, haben sie halb Soho gesperrt. All das liest Emilio vermutlich wieder und wieder in der Maserung seines Plastiktisches.

Eigentlich müsstest du spätestens jetzt gegangen sein, mit dem heiligen Schwur auf den Lippen, dieses Etablissement des kleines Geistes nie wieder zu besuchen. Du verlagerst dein Gewicht auf den Absatz, auf dem du kehrtmachen willst, während sich dein Gaumen an die Tagliatelle bolognese erinnert, die hier besser sind als irgendwo sonst in der Stadt. Du erinnerst dich an die gebackenen Shrimps. An das Vitello Parmigiana. Du fragst dich, warum gerade dieser scheißarrogante Laden das alles so unwiderstehlich gut macht.

Du verharrst immer noch auf deinem Absatz, und du hasst Emilio mit der Wucht deiner ewigen Seele, und dann ist es fast so weit, dass du, Erniedrigung der Erniedrigungen, ein zweites Mal sagen willst: »Emilio, wirklich?« Aber diesmal flehentlich. Dein Herz schrumpft zu einem Kirschkern. Und dann spaziert Susi die Straße entlang.

Sie winkt, sie sieht Emilio und ruft: »Emilio!« Und Emilio sieht Susi und ruft: »Susi, meine Liebe. Tisch für zwei? Dein Freund ist schon hier.«

SCHWEINEBACKEN

Trotz meines beharrlich fortschreitenden Alters (ich habe meinen Geburtstag in dieser Woche eisern ignoriert) kann ich bisweilen ein Mann von großer Naivität sein. Deshalb gab es eine Zeit, in der ich glaubte, dass das Ende der seit acht Wochen andauernden Renovierung meines Balkons, die auf – großes Ehrenwort, sagte die Hausverwaltung – maximal drei Wochen begrenzt war, unmittelbar bevorstehe. Diese Zeit ist vorbei.

Das liegt daran, dass diejenigen Nachbarn, die schon länger als ich in dem ehemaligen Schwesternwohnheim leben, das Investoren vor vielen Jahren in eine Ansammlung von 143 bescheidenen Bleiben konvertiert haben, mir sagten, dass ich, wenn ich unverschämt viel Glück hätte, den Balkon vielleicht im kommenden Frühjahr wieder würde nutzen können. »Das ist allerdings unwahrscheinlich«, knurrte Nachbar Tracy Westmoreland, »denn die Hausverwaltung besteht aus einer Bande von Schweinebacken.«

Zugegeben, er sagte nicht wörtlich »Schweinebacken«. Aber wenn Bruce Willis im Film »Stirb langsam 2« in der deutsch synchronisierten Version »Yippie-Ya-Yeah, Schweinebacke« sagt, bevor er ein Flugzeug in die Luft sprengt, ist das auch nicht die exakte Übersetzung des Originals (Motherf**ker).

Tracy hat während der Corona-Krise 15 Kilo abgenommen, und da in der Welt das, was irgendwo weg ist, anderswo wieder hinmuss, habe ich rund acht dieser Kilos bei mir draufgepackt.

Ich glaube daran, dass, was wichtig war, unwichtig wird. Ich glaube daran, dass, was drinnen war, draußen sein wird. Ich glaube daran, dass jeder Mensch an jedem einzelnen Tag, wenn es in seiner Zeitzone 11.11 Uhr schlägt, einen Wunsch freihat, der 24 Stunden lang gültig ist. Ich glaube daran, dass die zerschlissene Lederjacke, die ich einst am Fuße des Denkmals von Robert Burns im Central Park abgelegt habe, derzeit von ebenjenem in einem von Whiskywolken umflorten Dichterhimmel aufgetragen wird, in dem er permanent mit dem noch nicht betrunkenen Dylan Thomas streitet.

Kurz nachdem ich mit Tracy gesprochen hatte, erreichte mich eine Nachricht von Cy, dem schwer tätowierten Chefkellner des Restaurants Briciola in meiner Straße. Im Briciola, einem italienischen Restaurant, in dem kein einziger Italiener arbeitet, esse, nein, aß ich oft zu Mittag. Cy schrieb, dass er in dieser Woche wieder aufmache, endlich, nur ein paar Tische draußen, aber immerhin. Er werde mir am Tag der Eröffnung einen Platz reservieren.

An diesem Mittwoch spazierte ich am späten Mittag trotz des einsetzenden Nieselregens rüber ins Briciola, setzte mich an den reservierten Tisch und bestellte, natürlich, Pappardelle Cinghiale. Als Cy, den ich seit Monaten nicht gesehen und echt vermisst hatte, das Gericht persönlich an den Tisch brachte, wusste ich, wo Tracys übrige sieben Kilos gelandet waren.

CARPACCIO

Cy, der ebenso französische wie schwer tätowierte Chefkellner des Restaurants Briciola, hat sich eine Leica gekauft. Wer sich eine Leica kauft, meint es ernst mit dem Fotografieren. Cy meint grundsätzlich alles ernst, was er tut. Als er zum Beispiel vor einigen Jahren beschloss, etwas mehr zu joggen, lief er kurz danach beim New-York-Marathon mit. Er macht das seither in jedem Jahr, nur in diesem nicht, weil der Marathon wegen der Pandemie abgesagt wurde. Cy stellte die Leica so auf den Tisch, dass sie jeder sehen konnte.

Er hatte frei und vorgeschlagen, dass wir meinen Geburtstag im Briciola nachfeiern. Eigentlich hatte ich vorgehabt, den Geburtstag zu ignorieren, aber als Cy anbot, ihn mit einem Dreiklang aus Carpaccio Pulpo, Gamberoni e Carciofi und Costicine d'Agnello zu begehen – ich müsste abnehmen, aber ich sagte nach dem Car- von Carpaccio zu. Ob ich den Text von James Altucher gelesen habe, fragte Cy.

Altucher besitzt einen Comedy Club in New York, er ist nicht unbekannt in der Stadt, aber er gehörte nie zu den Stimmen, denen irgendwer Beachtung schenkte. Bis er jetzt einen Text schrieb, in dem stand, dass New York sich nicht von der Pandemie erholen werde und tot sei. Nicht quasi tot oder scheintot.

Sondern tot.

Der Text hat hier ziemlich eingeschlagen, ich kenne kaum jemanden, der ihn nicht gelesen hat. Der Komiker Jerry Seinfeld veröffentlichte in der *New York Times* eine Replik, in der er sinngemäß anmerkte, dass Altucher offensichtlich nicht mehr alle Löffel in der Besteckschublade habe.

In der Spalte für Leserkommentare unter Seinfelds Beitrag schrieb ein Taxifahrer, dass es für ihn zwei besondere Fahrten gebe. Die eine sei, wenn er Menschen am Krankenhaus abhole, die gerade Eltern geworden seien. Die andere sei, wenn jemand am Flughafen in sein Taxi steige, der erstmals in die Stadt komme und nach Manhattan wolle. Er nehme dann immer eine Route über eine der Brücken, und jedes Mal bewege es sein Herz, wenn er sehe, wie die Menschen aufgeregter würden, je näher Manhattan rücke, und wie sie dann, immer unvorbereitet und plötzlich, das spürten, was so oft als New Yorks einzigartige Energie beschrieben wird. Diese Energie sei unzerstörbar.

»Hab ich gelesen, ja«, sagte ich zu Cy.

»Und?«, fragte er. Ich lächelte.

Cy ist vor 20 Jahren in die Stadt gekommen und wollte eigentlich nur eine gute Woche bleiben. Er holte ein Tiramisu aus der Küche, in das er eine brennende Wunderkerze gesteckt hatte. Sobald er das funkensprühende Ensemble auf den Tisch gestellt hatte, sang das ganze Lokal »Happy Birthday«, und ich fühlte mich wie auf dem Rücksitz eines Taxis, das soeben die Manhattan Bridge überquert.

Cy nahm seine Leica und machte ein Foto von meinem ebenso breiten wie glücklichen Grinsen.

HOFFNUNGSLOSE FÄLLE

Dienstag, ein Regentag, ich war dabei, einen Brief an die Hausverwaltung so hinzufeilen, dass jeder Satz haifischzahnscharf auf der Seite steht, als ich bemerkte, dass im Büroradio ein Interview mit einem Mann namens Justin Townes Earle lief. Das Radio läuft den ganzen Tag, und ich habe über die Jahre die Fähigkeit entwickelt, es absolut nicht wahrzunehmen. Erst wenn etwas Interessantes kommt, höre ich instinktiv zu. Von Justin Townes Earle hatte ich noch nie gehört. Doch irgendetwas an seinem Tonfall sagte mir, dass ich jetzt besser zuhören sollte.

Earle sprach ein brubberndes Amerikanisch, es klang, als rollten Flussbettsteine durch eine Tuba. Ziemlich nebenbei erzählte er, dass sein Vater ebenfalls Musiker ist und ihn als Kind öfter mal eine Woche in einem Crack House abgab, wenn er gerade was anderes zu tun hatte. Da ahnte ich, dass der Vater Steve Earle ist, ein ziemlich berühmter Country-Mann. Ob er jetzt vielleicht mal ein Lied spielen wolle, fragte die Moderatorin nach einer Weile.

»Nein«, sagte Justin Townes Earle. Die Moderatorin lachte verlegen.

»Und wenn ich freundlich Bitte sage?«, fragte sie.

Jetzt lachte Earle verlegen. Weil das mit dem Nein natürlich bloß ein alberner Witz war.

Er spielte ein Lied mit dem Titel »The Saint of Lost Causes«. Der Heilige der hoffnungslosen Fälle. Ich lauschte eine

Sekunde. Zwei Sekunden. Dann drehte ich das Radio so weit auf, dass ganz Hell's Kitchen mithören konnte.

Seine Gesangsstimme war höher als seine Sprechstimme, aber zugleich trug sie mehr Schwere in sich. Dazu eine verwehte Melancholie, die nicht weiß, wohin mit sich. Ich machte mir eine Notiz in einem der Büroblöcke, die auf meinem Schreibtisch herumliegen, dass ich alles über diesen Mann herausfinden muss. Vielleicht könnte ich ihn interviewen, dachte ich. Er kam aus Nashville, und ich will seit Langem etwas über Nashville schreiben.

Ich höre permanent Radiosender, in denen mehr gesprochen als gesungen wird. Immer wieder gibt es dabei Momente, in denen ich zauberhafte Entdeckungen mache, und dies, dachte ich, war eine Entdeckung, wie ich sie seit Jahren nicht gemacht hatte.

Ich schrieb den Haifisch-Brief an die Hausverwaltung zu Ende, in dem es darum ging, dass die Renovierung des Balkons jetzt wirklich zum Abschluss kommen müsse, andernfalls – na ja, andernfalls halt nichts.

Ich fand heraus, dass Justin Townes tatsächlich der Sohn von Steve ist. Ich fand heraus, dass er neun Alben voller bewegender Songs veröffentlicht hat.

Erst ganz am Ende fand ich heraus, dass das Interview im Radio *in memoriam* gesendet wurde, weil Justin Townes Earle vor gut zwei Wochen im Alter von 38 Jahren tot in Nashville aufgefunden worden ist. An meinem Geburtstag, um genau zu sein.

ROCKAWAY

Stadtmüde. Also rein in die U-Bahn und wieder raus aus der U-Bahn, dann die Fulton Street entlang in Richtung East River, vorbei an der Buchhandlung McNally Jackson und – wobei, ganz kurz zurück, es ist doch noch früh, und hinein in die Buchhandlung. Ein bisschen blättern in den Büchern, die als »Empfehlung des Personals« gekennzeichnet sind, das sind oft die herrlichsten Sachen. Um ein Haar die Zeit vergessen, schnell wieder raus aus der Buchhandlung, weiter die Fulton Street entlang bis zum Wasser, dort rechts abbiegen und jetzt eiligen Schrittes bis zum Pier 11, denn in wenigen Minuten legt dort das Boot ab. Das Boot nach Rockaway.

Das vielleicht Wunderbarste an New York sind die Fähren, die Manhattan umschwirren. Unter diesen mag ich die nach Rockaway besonders, weil man auf ihr fast eine Stunde unterwegs ist und an Bord alles vergisst, was einem jemals Wolken ins Hirn oder gar ins Herz wehte. Man vergisst sogar, dass die Idioten von American Public Media meine Lieblingsradiosendung »Live from Here« mit dem genialischen Mandolinisten Chris Thile eingestellt haben, aus »Kostengründen«, obwohl sie unbezahlbar war. Wer macht so was, so viel Wärme und Witz aus der Welt zu nehmen? Menschen aus Holz?

Jetzt aber gerade noch rauf aufs Boot, oben an Deck einen Platz gefunden, an dem der Wind die Frisur neu ordnet. Das

Boot nimmt Fahrt auf, es findet seinen Rhythmus auf den Wellen, und dieser Rhythmus überträgt sich sogleich aufs Gemüt. Steuerbord erscheint die Freiheitsstatue, voraus liegt die Verrazano-Narrows-Brücke, die Brooklyn und Staten Island verbindet.

Wenn der Transatlantikliner *Queen Mary 2*, aus Southampton kommend, in New York einläuft, dann sind zwischen dem Schornstein und der Brücke rund fünf Meter Platz, es sieht jedes Mal so aus, als werde das Schiff die Brücke rammen. Steht man im Moment der Durchfahrt auf dem obersten Deck, glaubt man, sie berühren zu können, wenn man nur den Arm weit genug ausstreckte. Nun aber fährt die Fähre nach Rockaway unter der Brücke durch, nach oben sind rund 70 Meter Platz, es ist, als überwölbe eine stählerne Kathedrale das Boot.

Backbord erscheint Coney Island. Der Strand, das winzige Riesenrad, die knarzende Achterbahn. Aber wir nehmen stur Kurs nach Osten, wir ziehen mit 25 Knoten durchs Wasser, die Fähre stampft und rollt, es ist ein Glück, und schließlich legen wir, nach exakt 54 Minuten, in Rockaway an.

Während der ersten Schritte an Land spürt man noch die Bewegung des Bootes in der Mitte des Körpers. Dann beruhigt sich das Meer im Inneren, und obwohl der Himmel über Rockaway an diesem wie an so vielen Tagen besonders hoch zu hängen scheint, hat man das Gefühl, ihn berühren zu können, wenn man nur den Arm weit genug ausstreckte.

LUFTFEUCHTIGKEIT

Im Alter von 19 Jahren bestieg ich zum ersten Mal ein Flugzeug. Köln/Bonn (CGN) nach Nizza (NCE). Ich rauchte an Bord, und ich hatte Angst. Mein zweiter Flug führte von Düsseldorf (DUS) nach Edinburgh (EDI). Ich habe diesen Flughafen immer gemocht, nicht zuletzt, weil er heißt wie mein Freund Edi Augustin. Edi ist, und ich übertreibe ausnahmsweise kein bisschen, der freundlichste Mensch der Welt.

In Edinburgh begann ich ein Studium, meistenteils nutzloses Zeug, aber es war okay, und ich lernte unter anderem Englisch. Allerdings ein schottisches Englisch, das fast niemand im Rest der Welt verstand. Von dort flog ich nach Belfast (BFS), wo ich mit N. zusammenlebte, bis sie mich rausschmiss. Ich flog weiter nach München (MUC), wo ich nichts zu schaffen hatte, aber von einer gewissen *Süddeutschen Zeitung* (SZ) angeheuert wurde.

Nachdem die nämliche Zeitung mich später nach London (LHR) schickte, kam ich zur Ruhe, dachte nach, verbrachte viel Zeit in Zügen. Als mich einmal trotz allem der Hafer stach, flog ich nach New York (JFK). Dort nahm ich kurz darauf Wohnstatt in einem ehemaligen Schwesternwohnheim.

Im Grunde fliege ich ungern, aber in dieser Woche flog ich von Newark (EWR) nach Tampa (TPA) in Florida. Ich habe dort einige interessante Entdeckungen gemacht, von denen die für mich persönlich nicht uninteressanteste war, dass man am Tampa International Airport auch nach der Sicherheitskontrolle noch rauchen kann.

Die Raucherzone in TPA befindet sich in einem vergitterten, gästeklogroßen Außenbereich des Terminals. Es ist schwül, und die Luftfeuchtigkeit ist so hoch, dass man ihr zuflüstert: »Baby, ja, du entscheidest. Aber das ist echt zu viel.« Doch die Luftfeuchtigkeit reagiert nicht.

Nachdem ich von TPA zurück nach EWR gekommen war, nahm ich ein Taxi nach Hell's Kitchen. Ein Inder mit Turban fuhr den Wagen, er antwortete auf keine meiner Fragen, aber er sang zur Musik im Radio. Als wir in der 51st Street ankamen, segnete er mich. Ich gab ihm ein Trinkgeld, das mir den Weg nach ganz oben öffnen sollte, gleich in welcher Religion.

Ich fuhr rauf in den 17. Stock, ich stellte die Taschen ab, öffnete die Balkontür und sah, dass die Hausverwaltung in meiner Abwesenheit drei Gerüste auf den halb fertigen Balkon geknallt hatte, an denen die Körbe hängen werden, von denen aus sie alle anderen Balkone des ehemaligen Schwesternwohnheims renovieren, was bedeutet, dass mein Balkon als letzter fertig wird. Ich rief an.

»Frühestens nächstes Jahr im Herbst«, sagten sie. Ich legte auf.

Drei Wochen, hatten sie anfangs gesagt, werde die Renovierung dauern. Ich trat hinaus neben die Gerüste, ich zündete mir eine Zigarette an. Die Gerüste wackelten im Wind. Ich rauchte, und ich hatte keine Angst. Leise sagte ich zum Balkon: »Ich taufe dich auf den Namen BER.«

Er reagierte nicht.

SEPTEMBERLICHT

Wer New York besuchen will, sollte das im September tun, denn der September ist in New York ein Monat des Zaubers. In diesem Jahr legt er den Auftritt seines Lebens hin. Die Schwüle ist aus der Luft gewichen, alles fühlt sich leicht an, frei, das Licht streicht als schnurrende Katze um die Häuser, ohne dabei seine Schärfe zu verlieren, seine Präzision. Wenn ich in der Stadt irgendetwas zu sagen hätte, würde ich beantragen, nein: fordern, dass das New Yorker Septemberlicht des Jahres 2020 zum Weltkulturerbe erklärt wird.

Sollte noch immer nicht klar geworden sein, dass ich dieses Licht für das große Ding halte: Es strahlt, es lebt, berührt das Herz. Es funkelt, glitzert, pocht und glänzt. Wie mein mittelalter Freund V., der mit einer poetischen Ader gesegnete Fremdenführer, sagen würde: Es ballert.

Ich weiß, dass der Hinweis auf New-York-Besuche gerade so sinnvoll in der Welt steht wie ein Pferdewagen auf der Interstate 95, da niemand New York von außer Landes besuchen kann, der nicht amerikanischer Staatsbürger ist oder im Besitz einer Green Card. Aber wir leben ja nicht am Ende der Zeit, wir machen nur kurz Pause. Bald leben wir unsere Leben wieder, wie wir sie vor der C-Sache gelebt haben. Mit dem Unterschied, dass nach der C-Sache zumindest am Anfang jeder Monat so erhebend sein wird wie dieser September in New York.

Ich sollte vielleicht erwähnen, dass die Interstate 95 entlang der Ostküste der USA verläuft. Auf einer Länge von 3101 Kilometern führt sie von Maine bis nach Florida, und sie zählt auch ohne darauf herumstehende Pferdewagen zu den nervtötendsten Straßen der Welt, weil sie langweilig ist, verstopft, fad, irgendwie nicht gut. Wer im September 2021 nach New York fliegt und anschließend die Ostküste der USA mit dem Auto erkunden will, meide bitte die Interstate 95.

Unter allen Umständen.

Da ich weder amerikanischer Staatsbürger bin noch über eine Green Card verfüge, habe ich das Land in diesem Jahr nicht ein einziges Mal verlassen, weil ich nicht wusste, ob ich wieder reinkommen würde. Eine Zeit lang habe ich nicht einmal Hell's Kitchen verlassen, weil ich die C-Sache hatte, aber diese Zeit ist zum Glück vorbei.

Viele meiner Freunde hatten sich, als New York das weltweite Zentrum der Pandemie wurde und man es allmählich mit der Angst zu tun bekam, aufs Land verzogen, und im Rückblick weiß ich, dass mich das härter getroffen hat, als ich zugeben wollte. Während dieser Zeit habe ich ein anderes New York kennengelernt. Das dafür so intensiv wie keine Stadt zuvor.

Wenn ich jetzt auf diesen göttlichen September blicke, wenn ich in den Himmel über Hell's Kitchen blinzele, erhellt das Licht mein Gemüt, und ich denke: Dieser September ist für uns. Er ist für uns, die wir in New York die Stellung gehalten haben.

KEULE

Bis Gabriel Wilson die Keule aus dem Ärmel seiner Jacke zog, die er an der Spitze mit einem Metallkranz versehen hatte, war es eines der Gespräche, die ich oft auf Reisen im Vorbeigehen führe. Ich hatte ihn in Portland, Oregon, getroffen, wo ich hingeflogen war, um mal zu schauen, was die Leute an der Westküste gerade so treiben.

Ich lief zum örtlichen Bundesgericht und sah die Behelfsküche, in der an jedem Abend für die Demonstranten gekocht wird, die hier seit Mai ununterbrochen gegen Rassismus protestieren. Ich schlenderte, wie ich fand, unauffällig daran vorbei.

»Was willste?«, fragte einer der Männer, die dort gerade aufräumten.

»Nix«, sagte ich.

»Wie heißt du«, fragte er.

»Christian«, sagte ich.

»Ich bin Gabriel«, sagte er, »sieht aus, als hätten wir hier 'ne katholische Vollversammlung.«

Über seinem linken Auge war eine Nummer tätowiert. Als Auslandskorrespondent darf man, meist ungestraft, all die dummen Fragen stellen. Also fragte ich.

»Diese Tätowierung – du warst in einer Gang und im Knast, oder?«

»21 Jahre lang«, sagte er.

»Ah«, sagte ich.

»Was soll das heißen?«, fragte er.

»Nichts«, sagte ich, »nur, dass du vermutlich nicht nur Süßigkeiten geklaut hast.«

Gabriel schaute mich mit einem Genickbruchblick an.

»Wie alt bist du?«, fragte ich.

»Wie alt bist du?«, fragte er. Ich sagte es ihm. Er nickte.

Er trug eine Art Pepitahut und einen Rucksack. Ein Pflaster klebte in seinem Gesicht, von der linken Seite der Nase bis hin zum Kinn. Gabriel fragte, ob ich Angst vor ihm hätte.

»Absolut«, sagte ich.

Er zog die Keule aus dem Ärmel.

»Wie alt bist du?«, fragte ich erneut.

»Mein Alter spielt keine Rolle«, sagte er. Ich schaute auf die Keule.

»Ich werde dich nicht schlagen«, sagte er.

»Ich weiß«, sagte ich.

»Aber vielleicht doch«, sagte er.

»Ich weiß«, sagte ich.

Die Tätowierung unter seinem linken Auge bestand aus ein paar Buchstaben, ich konnte sie nicht identifizieren. Unter seinem rechten Auge trug er das Bild eines Winkels, über den drei Sterne gezeichnet waren.

»21 Jahre im Knast?«, fragte ich.

»21 Jahre«, sagte er.

»Kann ich ein Foto von dir machen?«, fragte ich.

Er nahm den Hut und das Stirnband ab, das er unter dem Hut trug, er legte die Keule beiseite, er legte die Hand auf sein Herz. Ich machte das Bild.

»Du musst keine Angst vor mir haben«, sagte er.

»Ich weiß«, sagte ich.

MIKROWELLE

Anfang der Woche bekam ich eine E-Mail von einer Firma namens Diet-to-Go. Darin hieß es, sie würden mir umgehend einen Scheck über 25 Dollar schicken, falls ich meinen Freunden das Abnehm-Programm empfähle. Den Teufel werde ich tun.

Mit Diet-to-Go verbindet mich eine kurze, intensive Beziehung. Die Sache war die: Ich hatte mir in der frühen Phase der Pandemie, als man in New York das Haus nicht verlassen sollte, eine veritable Plauze angefressen. Um diese wieder loszuwerden, rief ich bei den Leuten von Diet-to-Go an. Easy, sagten sie. Kriegen wir hin.

Daraufhin schickten sie mir zweimal pro Woche ein Essenspaket, alles vorgekocht, Frühstück, Mittagessen, Abendessen, zum Aufwärmen in der Mikrowelle. Nach Eintreffen der ersten Lieferung bemerkte ich, dass ich keine Mikrowelle besaß. Im West Side Home Center an der 52nd Street, Ecke 9th Avenue kaufte ich eine für 55 Dollar.

Drei Wochen lang wärmte ich in dieser Mikrowelle die gelieferten Gerichte auf. Der Trick war, dass man keine Kohlenhydrate essen durfte, sondern nur Proteine und Fett, und bald entwickelte ich einen enormen Hunger auf Reis, Nudeln und Brot. Wenn das Pling der Mikrowelle erklang, bekam ich sofort schlechte Laune. Mikrowellen sind Maschinen der Hölle. Ich verlor drei Kilogramm in der ersten Woche, zwei in der zweiten und immerhin eines in der dritten. Ich passte wieder in den dunkelblauen Anzug, den ich mir in London habe maßschneidern lassen, und ich fühlte mich elend.

Dann, es war ein Montag, begann ich morgens, als die Sonne sich über dem East River erhob, eine Tomatensauce mit Pancetta und Chilis einzukochen. Später an diesem Montag, während die Sonne im Hudson versank, setzte ich die Pasta auf den Herd, Bucatini. Ich rührte die Nudeln in die Soße, das gesamte Pfund, und ich aß alles.

Anschließend lag ich auf dem Sofa und war glücklich wie lange nicht. Danach aß ich Tag für Tag, was ich wollte. Nach einer herrlichen Woche hatte ich mein altes Gewicht, und die Waage lächelte mich zufrieden an.

Mitte dieser Woche traf ich meinen grizzlygroßen Nachbarn Tracy Westmoreland in der Lobby des ehemaligen Schwesternwohnheims, in dem wir beide wohnen. »Du hältst die Fresse, Kleiner«, sagte Tracy zur Begrüßung, »ich weiß, was du sagen willst.« Er hatte zu Beginn der Pandemie 15 Kilo verloren. Die sind wieder drauf.

Ich erzählte ihm von der Diet-to-Go-Sache und sagte, dass wir uns den 25-Dollar-Scheck teilen könnten, falls er sich anmelde. Tracy lachte eine halbe Minute lang aus der Tiefe seines Leibs. »Scheiß auf die Diäten«, sagte er schließlich, »aber heißt das nicht, dass ich deine Mikrowelle haben kann?« Wir fuhren in den 17. Stock, wo ich ihm die Höllenmaschine, ich möchte sagen: feierlich übergab. In seinen Händen wirkte sie so groß wie ein Toaster.

INDIAN SUMMER

Das Bürotelefon klingelte. Es ist schwarz. Ich ließ es eine Weile klingeln, während ich dem Dröhnen der Presslufthämmer lauschte, mit denen zwei Männer Löcher in meinen Balkon bohrten. Es klang, als wollten sie durch den Balkon und durch alle 17 Stockwerke des Gebäudes bis tief ins Herz der Felsen vordringen, auf denen das Eiland Manhattan gebaut ist.

Ich war mir sicher, dass mein Freund V., der Fremdenführer, in der Leitung wartete, denn nach meiner Berechnung musste er gerade aus New Hampshire zurück sein. Dorthin war er mit seiner Freundin R. gefahren, wo die beiden sich den Indian Summer hatten ansehen wollen.

»Den Indian Summer kannste dir auch im Central Park ansehen«, hatte ich gesagt, »da brauchste nicht fünf Stunden im Auto sitzen.« V. hatte mich mit der Art von Schulterzucken bedacht, das er sonst für Leute reserviert, die ihr Bier mit Limo schänden. Dann mietete er ein Auto und steuerte es auf die Interstate 95, die von Florida rauf nach Maine führt und die unbestritten furchtbarste Straße Amerikas ist.

Ich nahm den Hörer von der Gabel.

»V. hier«, sagte V., »bin gerade aus New Hampshire zurück.«

»Ich weiß«, sagte ich.

Wir schwiegen eine Weile. In der Leitung hörten wir Fetzen von anderen Gesprächen von anderswo im Land. Vielleicht aus Kansas oder aus Idaho. Amerikanisches Festnetz.

»Trage gerade ein Trikot der Los Angeles Dodgers«, sagte ich schließlich, um irgendwas zu sagen.

»Ah«, sagte V., »interessant.«

Ich legte auf.

Das Telefon klingelte erneut. Ich hob ab.

»Wir treffen uns in zwei Stunden am Columbus Circle. Spaziergang durch den Central Park. Große Runde. Keine Widerrede«, sagte V.

Zwei Stunden später begannen wir unseren Marsch. Wir ließen die Sheep Meadow rechts liegen und überquerten die Bow Bridge, wo ausnahmsweise keine Hochzeitsgesellschaft posierte, und wir grüßten das Belvedere Castle, an dessen Spitze eine Wetterstation verborgen ist, in der die offizielle Temperatur Manhattans gemessen wird. Die Bäume erstrahlten in allen Farben des Feuers, wir liefen und liefen, nordwärts, und wir ruhten erst, als wir das Harlem Meer erreicht hatten, den See am oberen Ende des Parks.

»Pause«, sagte ich.

Wir setzen uns auf eine Bank.

V. wirkte nachdenklich.

»Was?«, fragte ich.

V. räusperte sich.

»Also, ich muss sagen ...«, hob er an.

»Was?«, sagte ich.

» ... den Indian Summer kannste dir auch im Central Park ansehen. Da brauchste nicht fünf Stunden im Auto sitzen.«

Ich bedachte ihn mit der Art von Schulterzucken, das ich für Fremdenführer reserviert habe.

SCOTCH

Es tut jetzt gar nicht unbedingt etwas zur Sache, warum das so war, aber am vergangenen Wochenende fand ich mich beim wöchentlichen Dinner einer German Society in einer Kleinstadt in Illinois wieder. Den Mitgliedern der German Society war gemein, dass sie wenig bis gar kein Deutsch sprachen. Insofern war ich in ihrem Kreise ein Exot, denn mein Deutsch ist ganz passabel.

Das Dinner kostete 13 Dollar. Ich hatte gleich am Eingang passend bezahlt und zwei Dollar Trinkgeld hinterlassen. Bald darauf lagen die 15 Dollar wieder auf meinem Tisch. Meine Tischnachbarn, zwei ältere Herren namens Allan und Paul, beschieden, dass ich als Deutscher in der German Society natürlich eingeladen sei. Als es mir kurz danach gelang, mich zu revanchieren, indem ich den beiden heimlich die Getränke ihrer Wahl – Scotch für Allan, Weißbier für Paul – an der Bar besorgte, brach immenser Verdruss aus und ein großes Palaver hob an, wie es sein könne, dass der Ehrengast etwas bezahlt hatte. Ich nutzte die Verwirrung, um Allan einen weiteren Scotch hinzustellen, den er erfreut leerte. Für seine 84 Jahre hatte er einen ordentlichen Zug am Leib. Damit hatte ich den Bogen jedoch überspannt. Das Geld wurde mir in grimmiger Großzügigkeit erstattet.

Apropos Bogen. Paul telefonierte inmitten des Palavers mit seinem Bruder, der gerade ein Reh geschossen hatte, das Tier aber nicht finden konnte. Das lag daran, wie man mir erklärte, dass Pauls Bruder mit Pfeil und Bogen jage und Rehe nach dem Treffer üblicherweise noch eine Weile weiterliefen. Man beriet, ob Paul mit seinem Hund ausrücken müsse, um das Reh zu suchen, und da sich die Beratungen hinzogen, schlich ich rüber zur Bar, um mir einen kleinen Riesling und Allan einen großen Scotch zu besorgen.

Die Barfrau servierte die Getränke und sagte, sie habe die strenge Anweisung vom Präsidenten der German Society höchstselbst, kein Geld mehr von mir anzunehmen. Ich nutzte einen unbeobachteten Moment, um einen Zehner ins Trinkgeldglas zu stopfen.

Allan, die Zunge etwas lose vom Scotch, erzählte mir, dass sein Herz hin und wieder flimmere, und dass er deshalb in seinem Leben bereits 40-mal defibrilliert worden sei.

»40-mal?«, fragte ich.

»40-mal«, sagte er.

Ich erzählte ihm, dass auch mein Herz hin und wieder flimmere, aber dass es die Art von Flimmern sei, gegen die Defibrillatoren nichts ausrichten können. Allan nickte mit der Weisheit seiner 84 Jahre.

Paul kam von der Bar, er brachte Riesling, Scotch und Weißbier. Sein Bruder hatte das Reh gefunden, darauf wollte er anstoßen. Wir hoben feierlich die Gläser.

Paul rief: »Zickezacke, zickezacke!«

Allan antwortete mit der Weisheit seiner 84 Jahre: »Hoi, hoi, hoi.«

AMEISEN

Normalerweise bereite ich mich vor, wenn ich weiß, dass W. anrufen wird, weil das Gespräch immer ungefähr so lange dauert wie die Durchquerung Australiens in einem Ford Falcon. Das ist der mit Lenkradschaltung und den drei Sitzen vorne. W. hat diese Durchquerung 1991 erledigt. Ich stelle Antipasti auf den Tisch und öffne einen der besseren Weine. Dann höre ich zu.

Als er in dieser Woche auf dem Bürotelefon durchklingelte (keine Ahnung, woher er die Nummer hat), überraschte er mich. Ich war mit den Vorbereitungen auf die Präsidentenwahl beschäftigt, ich hatte keine Zeit. Ich nahm den Hörer von der Gabel und sagte: »Ja?«

»W. hier«, sagte W.

W. ist von Indien in der Bahn, im Bus und in der Rikscha nach Nepal gereist und hat dort die Annapurna bestiegen. Er hat ein Studium der Landwirtschaft zu Ende gebracht, ohne dass der leiseste Wunsch in ihm wohnte, jemals Landwirt zu werden. Er hat eine fantastische Frau geheiratet und mit dieser vier prächtige Kinder in die Welt gesetzt. Gearbeitet hat er mal hier, mal dort, und wenn es ihm nicht mehr taugte, ist er gegangen. W. ist ein Mann von Wissen und Konsequenz. Zuletzt arbeitete er im Supermarkt eines Campingplatzes an der Ostseeküste.

»Es ist fertig«, sagte W.

»Was?«, fragte ich.

Vom Ergebnis des Endspiels der Fußball-WM 2002 erfuhr W. in der mongolischen Steppe, die er gerade in der Transsibirischen Eisenbahn durchquerte. Das 7:1 der deutschen Fußballer gegen Brasilien bei der WM 2014 schaute er sich in einer Favela in Rio an. Nach Spielende brachten ihn die Brasilianer mit einer Deutschlandfahne zurück zu seiner bescheidenen Bleibe und sangen: »So ein Tag, so wunderschön wie heute.« Das hatte er ihnen vorher beigebracht.

»Das Buch«, sagte W.

»Ah«, sagte ich.

Einmal fuhr ich mit W. im Wohnmobil durch den schwedischen Winter. Ein anderes Mal durch den irischen Frühling. Ich kann mich nicht daran erinnern, auf diesen Reisen nach der Begrüßung (»Moin«) noch etwas gesagt zu haben. W. erzählte auf diesen Fahrten aus seinem Leben. Er ist der beste Geschichtenerzähler, den ich kenne.

Sein Vater war Käferforscher, dessen Leidenschaft heimlich den Ameisen galt. Von diesem Vater hat W. nichts geerbt außer einem VW-Bus (T 3) und der Liebe zu den Ameisen. Vor 30 Jahren beschloss er, dass er ein Buch schreiben würde, in dem Ameisen die Hauptrolle spielen. Es ging nicht recht voran.

Doch W. ist ein Mann von Wissen und Konsequenz.

»Willst du kurz die Story hören?«, fragte W. Ich hatte wirklich keine Zeit.

»Nein«, sagte ich.

»Okay«, sagte W., »soll ich dir stattdessen sagen, wer diese Präsidentschaftswahl gewinnen wird?« Ich hörte zu.

ALAAF

Am vergangenen Wochenende trieb ich mich auf dem Times Square herum, inmitten Abertausender Menschen, die feierten, dass Trump die Wahl verloren hat. Die Stimmung war prima, sie war, was eher selten vorkommt, bisweilen sogar besser als prima. Es ist viel darüber geschrieben worden, auch von mir, dass es sich anfühlte wie ein Tag der Befreiung.

Wegen der Pandemie habe ich die USA in diesem Jahr nicht verlassen, und deshalb dachte ich, während ich mit den feiernden New Yorkern sprach, in diesem Moment der Freude auch an die Menschen, die ich zu lange nicht gesehen habe. In der Mitte des tanzenden Times Square dachte ich an meine deutschen Freunde. An meine Familie.

Während ich eine norddeutsche Seele in mir trage und gut darin bin, tagelang nur das Nötigste zu sagen, besteht das Gros meiner Familie – und zwar im allerbesten Sinne – aus rheinischen Quasselstrippen und eher süddeutschen Plaudertaschen. Nehmen wir mal an, man verspräche meinen Geschwistern, meinen Nichten und Neffen, meinen Tanten und Onkeln, meinen Eltern und auch meiner 96 Jahre alten Oma bei einer Familienzusammenkunft, dass sie pro Kopf eine Million Dollar erhielten, wenn sie zehn Minuten lang schwiegen. Nach circa drei Minuten wäre eine heitere Diskussion darüber im Gange, was man mit der Kohle alles hätte anstellen können.

Die Präsidentschaftswahl hatte zuletzt dazu geführt, dass mein schwarzes Bürotelefon ohne Unterlass klingelte, und immer war eine gewisse *Süddeutsche Zeitung* in der Leitung und fragte nach mehr und dann nach noch mehr Artikeln. Es sind unter anderem diese Tage, derentwegen ich Journalist geworden bin.

Am Mittwoch hatte sich die Lage so weit beruhigt, dass das Bürotelefon ausnahmsweise nicht vor dem Morgengrauen klingelte. Doch um exakt 5 Uhr 11 begann mein Mobiltelefon, Plings ins Schlafzimmer zu senden. Irgendjemand setzte Whatsapp-Nachrichten ab. Pling. Plingpling. Ich vergrub meinen Kopf unter den Kissen. Pling. Immer weiter. Gegen sechs Uhr gab ich auf. Ich nahm das Telefon in die Hand, um zu sehen, wer diesen Irrsinn veranstaltete. Ich verstand.

Es war der 11.11., und was bei mir in Hell's Kitchen 5 Uhr 11 ist, das ist im Rheinland 11 Uhr 11. Wir haben eine Familien-Whatsapp-Gruppe, und an diesem Morgen feierte die Familie in der Whatsapp-Gruppe Corona-Karneval. Die Alaafs flogen hin und her, Links zu Schunkelliedern, Bilder von Sektgläsern und immer so fort.

Um ehrlich zu sein, steht Karneval in meiner persönlichen Ordnung der Dinge im gleichen Rang wie Hammerzehen. Doch an diesem Morgen spürte ich zum zweiten Mal innerhalb einer Woche eine Stimmung, die besser war als prima. Diesmal ging es nicht um die große Welt. Es ging um die kleine Welt, und ich schunkelte heimlich mit.

SCHUHE

Ich trage jetzt Turnschuhe von New Balance. Das liegt daran, dass ich vor geraumer Zeit den Sänger Art Garfunkel interviewt habe, der mehrere große Wanderungen unternommen hat, unter anderem durchquerte er Japan und die USA von Küste zu Küste.

»In welchen Schuhen?«, hatte ich gefragt.

Er sagte es mir, und nun habe ich sie endlich gekauft. Sie sind so hässlich, dass man tief Luft holt, wenn man sie zum ersten Mal sieht, aber man geht in ihnen wie auf Federn. Es ist fast lächerlich, wie bequem sie sind.

Art Garfunkel, dies nebenbei, zählt zu den erfreulichsten Menschen, mit denen ich beruflich gesprochen habe. Er verfügt über ein paar komplett durchgebrannte Sicherungen, und nachdem das Interview beendet war, rauchten wir heimlich aus dem Fenster der Hotelsuite heraus, die er auf der Upper East Side als Büro mietet.

Als ich mit den neuen Schuhen in Rafik's Barber Shop auf der 9th Avenue spazierte, um mir mal wieder einen miserablen Haarschnitt verpassen zu lassen, merkte ich, wie der Blick auf meine Füße umgehend Enttäuschung auslöste. Sie bieten dort auch einen Schuhputzservice an, und ich nahm den immer in Anspruch. Vermutlich als Einziger, denn außer mir habe ich in Hell's Kitchen noch nie jemanden in Lederschuhen gesehen. Gut möglich, dass ich Hell's Kitchen gerade zur lederschuhfreien Zone gemacht habe.

»Robert nicht da?«, fragte ich. Robert ist mein zitternder Stammfriseur.

»Robert arbeitet nicht mehr hier«, sagte Juri, der Zweitfriseur.

»Wo arbeitet er jetzt?«, fragte ich.

»Keine Ahnung«, sagte Juri.

Er bedeutete mir, mich zu setzen. Ich setzte mich. 20 Minuten lang rasierte und schnitt er schweigend an meinen Haaren herum, und als er fertig war, sagte er mit einer Stimme, aus der das Desinteresse troff wie das Wasser aus den undichten Rohren in den Subway-Tunneln: »Und?«

Ich war sprachlos. Ich hatte eine richtige Frisur. Alles passte, alles saß, selbst die Wirbel schienen verschwunden zu sein. Es war fast lächerlich, wie gut ich aussah.

Kürzlich war mein Freund und Kollege O. mal wieder in der Stadt. Er war hier früher Korrespondent. O. zählt zu den erfreulichsten Menschen, mit denen ich unberuflich spreche, obwohl bei ihm das Gros der Sicherungen noch intakt ist. In Sachen Schuhe ist O. allerdings ein ziemlicher Styler, ich glaube, das ist zwangsläufig so, wenn man früher mal beim Magazin *Tempo* gearbeitet hat.

Wir verabredeten uns bei einem mittelmäßigen Italiener. »Was für ein irre guter Haarschnitt«, sagte O. zur Begrüßung. Ich schaute ihn abwartend an. Er holte tief Luft und sagte: »Aber diese Schuhe sind das Hässlichste, was ich je gesehen habe.«

Es war fast lächerlich, wie sehr ich mich freute, ihn zu sehen.

NENNT MICH V.

Fast scheint es, als ahne der Herbst, dass es ein harter Winter in New York wird, und dass er deshalb auch im November immer wieder Tage einstreut, die er sich beim Spätsommer geliehen hat. An einem dieser Tage klingelte mein Freund V., der Fremdenführer, auf dem Bürotelefon durch und ordnete eine Exkursion an.

»Wohin?«, fragte ich.

»Überraschung«, sagte V.

Seit Beginn der Corona-Krise hat V. keine Kunden mehr. Anfangs hatte er die leise Hoffnung, dass es vielleicht im Sommer wieder losgehen könnte. Dann dachte er, dass sich vielleicht im Herbst etwas regt. Mittlerweile hat er die Hoffnung aufs Weihnachtsgeschäft aufgegeben, und ebenso die aufs Winter- und aufs Frühlingsgeschäft. Vom Arbeitslosengeld kann er nicht mal die Miete bezahlen, obwohl er auf Staten Island wohnt. V. lebt von seinen Ersparnissen, und ich empfinde tiefe Bewunderung dafür, dass er nicht nur die Nerven behält, sondern zudem mit einem herbstlichen Lächeln durch die Tage geht.

An der Ecke Lexington Avenue und 59th Street bestiegen wir die Subway Richtung Norden, wir fuhren und fuhren, und als ich anmerkte, dass wir uns mittlerweile kurz vor Kanada befinden müssten, sagte V. erfreut: »Endstation. Alle aussteigen.«

V. hat in den vergangenen Monaten zum einen viel Zeit

damit verbracht, durch die Stadt zu spazieren, die er kennt wie kaum jemand sonst, und zum anderen damit, möglichst dicke Bücher zu lesen. Als er mich einmal nach einer Empfehlung fragte, sagte ich natürlich: »›Moby Dick‹ von Herman Melville. Vielleicht mein liebstes amerikanisches Buch.« Schon der erste Satz vibriert wie ein Großschiff, das durch die See pflügt. Er lautet: »Nennt mich Ismael.« Habe er tatsächlich noch nicht gelesen, hatte V. gesagt.

Von der Subway Station spazierten wir zum Eingang des Woodlawn Cemetery, ganz nördlich in der Bronx gelegen. Aus einer der vollgestopften Taschen seiner Fremdenführer-Jacke kramte V. eine Karte des Friedhofs hervor, auf der er ein Grab markiert hatte. »Dort gehen wir hin«, sagte er.

Wir liefen und liefen. Vorbei am Grab von Miles Davis, wo wir uns verneigten. Vorbei am Grab von Duke Ellington, wo wir uns verneigten. Vorbei am Mausoleum von Ida und Isidor Straus, die beide auf der *Titanic* starben. Ida hatte sich geweigert, Isidor zurückzulassen. Sie soll gesagt haben: »Wie wir lebten, so werden wir sterben: zusammen.« Wir verneigten uns.

Schließlich erreichten wir das Grab, das V. auf der Karte markiert hatte. Ein gut hüfthoher Stein, in den eine Pergamentrolle gemeißelt ist. Ich schob den Efeu am Fuß des Steins zur Seite, um die Inschrift zu lesen.

»Oh«, sagte ich, »ich hatte keine Ahnung, dass er hier begraben liegt.« V. nickte. Er lächelte. Er grinste. Er sagte: »Nennt mich V.«

KUCHEN

Kleine Runde diesmal bei Heidi P.s Thanksgiving-Dinner. Drunk Pam? Nicht eingeladen. Wavy Davey? Nicht eingeladen. Die neurotische Verwandtschaft von Heidis Freund R. und die in Sachen Neurose allzeit und immer mühelos noch eine Schippe drauflegende Verwandtschaft von Heidi selbst? Nicht eingeladen.

»Ihr Lieben«, hatte Heidi P. in ihrer Einladung geschrieben, »wegen Corona müssen wir das Thanksgiving-Dinner in diesem Jahr auf fünf Leute beschränken. Es wäre schön, wenn ihr trotz allem kommen könntet.«

Hier die exklusive Liste der Teilnehmer des Thanksgiving-Dinners im Hause P. im Jahr 2020: Heidi P., aus Pittsburgh stammende Gastgeberin. R., schottisch-philippinischer Lebensgefährte der Gastgeberin. K. aus Kalifornien, Hausfreundin, die selbst Drunk Pam unter den Tisch trinkt und sich damit selten einen Gefallen tut. Um ehrlich zu sein: absolut nie. Nori K., japanischer Elektriker.

Und dann hatte Heidi eben noch mich eingeladen. Christian Z., deutscher Gschaftlhuber, der im Auftrag einer gewissen *Süddeutschen Zeitung* durch New York marodiert.

»Danke, das ist so freundlich, und ich bin echt gerührt, aber ich kann unmöglich einen der wenigen Plätze einnehmen«, schrieb ich.

»Doch«, schrieb Heidi P. zurück.

An Thanksgiving lese ich seit 2017 immer ein Buch von

zwei italienischen Autoren, es heißt *Der Liebhaber ohne festen Wohnsitz*, aber in diesem Jahr konnte ich es nicht finden. Sollte ich es in einem Moment des Leichtsinns verliehen haben, kommt es vermutlich nie mehr zurück, denn es ist eins von den Büchern, die man nicht wieder hergeben mag. Ich packte zwei Flaschen Wein in eine Tasche und nahm die Subway runter nach Soho. Wie immer hatte Heidi mich neben Nori K. platziert, weil niemand außer mir dessen japanisches Englisch versteht.

Wir aßen den ersten Gang an Vorspeisen, wir aßen den zweiten Gang an Vorspeisen, wir aßen die Kürbissuppe, wir aßen den Truthahn, wir aßen die Beilagen, und als niemand mehr auch nur ein Minzblatt runtergekriegt hätte, servierte Heidi die Kuchen. Beiläufig fragte ich Nori, der davon lebt, dass er irre teure Röhrenverstärker für Leute baut, die gerne zu viel Geld in ihre Hi-Fi-Anlagen investieren, was genau ihn nach New York verschlagen habe.

»Du willst wissen, wie viel einer meiner Verstärker kostet?«, fragte er.

»Nein«, sagte ich, »ich will wissen, was genau dich nach New York verschlagen hat.«

Heidi reichte Nori ein Stück Kuchen. Pecan Pie. Er sah uns an. Er blickte auf Heidi P. Er blickte auf R., auf K., auf Z. Dann erzählte er, in einem Englisch, das ausnahmsweise nicht nur ich verstand, eine knappe Stunde lang die Geschichte seines Lebens.

Als er damit fertig war, belud er sein Stück Kuchen mit Sahne.

PLATTE AUF DEM DACH

Als ich vor einigen Jahren in einem Laden namens »Fat Cat« im Greenwich Village erstmals gegen Jeff im Tischtennis antrat, bemerkten wir sofort, dass wir beide exakt gleich gut spielten. Es war ein magischer Moment. Als die Götter den Menschen Tischtennis schenkten, hatten sie sich ausgemalt, dass dieses Spiel so gespielt wird wie von Jeff und mir.

Das »Fat Cat« ist eigentlich ein Jazzclub, aber sie haben sich überlegt, dass sie außer einer allabendlichen Live-Band sicherheitshalber noch ein Dutzend Tischtennisplatten in den Laden stellen. So musizierten die Bands gegen das Ping und das Pong an und manchmal gegen Jeffs Jubelschreie, wenn es ihm gelungen war, meine Stahlbetonabwehr zu knacken. Während ich im wirklichen Leben ein Mann der Offensive bin und die Defensive oft so sträflich vernachlässige, dass ich im Lauf der Jahre hin und wieder gut einen mitbekommen habe, bin ich im Tischtennis eine Abwehrmaschine.

Jeff knallte die Schmetterschläge auf die Platte, bisweilen beschleunigte er die Bälle auf Schallgeschwindigkeit, und ich brachte sie seelenruhig zurück. Wir sind sehr unterschiedliche Menschen, vermutlich hätten wir uns nicht viel zu sagen, wenn die Fügung uns nicht an der Platte zusammengebracht hätte. Dort waren wir Yin und Yang, wir waren Feuer und Eis, wir waren Dick (ich) und Doof (er). Ich bildete mir ein, dass unsere Spiele aus dem Stoff gemacht waren, der die Welt im Innersten zusammenhält. Ich bildete mir ein, dass wir ein Zentrum des Gleichgewichts waren in einem beständig stärker werdenden Sturm.

Einerseits liebte ich es, gegen Jeff zu spielen, andererseits hatte er die fragwürdige Eigenschaft, so sehr gewinnen zu wollen, dass ihn der Siegeswille umgab wie ein dunkles Feld. Da das »Fat Cat« seit Beginn der Pandemie zu ist, hatten wir seit acht Monaten nicht mehr gegeneinander gespielt. In dieser Woche schrieb Jeff eine Nachricht.

»Bisschen Pong?«, fragte er.

Eine weitere von Jeffs fragwürdigen Eigenschaften ist, dass er Tischtennis »Pong« nennt.

»Klar. Wo?«, schrieb ich zurück.

»Hab jetzt ne Platte auf dem Dach«, schrieb er.

Ich nahm den C-Train runter ins Village und spazierte zu Jeffs Haus. Er hatte auffallend gute Laune.

»Wie lange hast du die Platte schon?«, fragte ich.

»Exakt acht Monate«, sagte Jeff.

Wir spielten ein paar Ballwechsel. Jeff jagte die Schmetterschläge in Lichtgeschwindigkeit in meine Richtung.

»Jeff«, sagte ich nach zehn Minuten, »was zum Teufel hast du getan?«

»Trainiert«, sagte er, »exakt acht Monate lang.«

Ich nickte. »Du weißt, was das bedeutet?«, fragte ich.

Jeff lächelte wie ein Mann, der weiß, was das bedeutet. Dann servierte er einen Killer-Aufschlag.

FEIERABEND

Die White Horse Tavern ist einer der Fixpunkte im Leben meines Freundes V., des Fremdenführers. Sie liegt ganz im Süden Manhattans, fast unmittelbar am Anleger der Fähre nach Staten Island, wo V. vor rund 20 Jahren hingezogen ist, weil ihm Manhattan zu teuer geworden war. Seither trank er allabendlich, wenn er seine Führungen beendet hatte und bevor er die Fähre zurück nach Hause nahm, in der White Horse Tavern ein Schiffs-Guinness.

Staten Island ist, ehrlich gesagt, nicht der allertollste Stadtteil von New York, weshalb er mit wenigen Ausnahmen von rohen und garstigen Gestalten bewohnt wird. V. nennt ihn mal mehr und mal weniger liebevoll »Satan Island«. Aber das abendliche Guinness und die halbstündige Fahrt auf der orangefarbenen Fähre, vorbei an der erleuchteten Freiheitsstatue, haben ihn im Lauf der Jahre mit seinem Wohnort versöhnt.

Seit März hatte die White House Tavern komplett geschlossen, weil sie keinen Außenbereich hat, was für V. allerdings das kleinere Ärgernis war. Das größere Ärgernis bestand darin, dass der Markt für Fremdenführer in New York seit Beginn der Pandemie, vorsichtig gesagt, überschaubar ist. Eigentlich gab es daher keinen Grund für V., fast täglich durch die Straßen zu wandern. Dass er trotzdem regelmäßig nach Manhattan kommt und nicht vorhandene Reisegruppen durch den Central Park führt, über die 5th Avenue und neuerdings auch zum Weihnachtsbaum am Rockefeller Center, der in diesem Jahr, wie V. vor niemandem referiert, eine norwegische Fichte ist, 25 Meter hoch, elf Tonnen schwer, liegt daran, dass ihm sonst, wie er sagt, die Schrauben in der Verankerung seines Gehirns allzu locker würden. V. ist seit März ein Fremdenführer, dem die Fremden abhandengekommen sind.

Ende September durfte die White Horse Tavern wie alle New Yorker Restaurants ohne Außenbereich wieder öffnen, bei 25-prozentiger Auslastung. Seither beendete V. seine Touren für die Menschen, die nicht da waren, wieder bei einem Guinness.

Am Sonntag habe ich ihn dort besucht. Ich war seit März nicht mehr in einer Kneipe. Wir tranken ein Guinness, und weil ich schon mal da war, tranken wir ein zweites Guinness, und V. packte ein paar seiner wilderen Fremdenführergeschichten aus. Um zehn Uhr war Schankschluss, wir traten auf die Straße, beschwingt von einer grundlosen Heiterkeit.

»Feierabend«, sagte V. und bestieg die Fähre. Ich nahm die Subway rauf nach Hell's Kitchen, und als ich während der Fahrt mein Telefon aus der Jacke fummelte, um mal zu schauen, ob in der Zwischenzeit irgendwas passiert war, las ich als Erstes, dass die Restaurants von Montag an nur noch draußen servieren durften. Als Zweites las ich, dass für Mittwoch und Donnerstag ein Blizzard mit 30 Zentimetern Schneefall angekündigt wurde.

ÜBERRASCHUNG

Freitagabend, kurz nach sieben, es klingelte an der Haustür. Da ich niemanden erwartete, blieb ich am Wohnzimmertisch sitzen und tat so, als hätte ich nichts gehört. Vermutlich waren es Freunde der Nachbarn, dachte ich, die auch zu Corona-Zeiten Partys feiern, bei denen die Gäste in Mannschaftsstärke anrücken. Nachbar J. spielt seit Neuerem E-Gitarre und führt den Gästen regelmäßig seine, nun ja, Fortschritte vor. J. ist experimenteller Filmemacher aus Venezuela, und vielleicht ist es seinem Talent zum Dekonstruktivismus geschuldet, dass, was immer er spielt, exakt so klingt, als habe er das Blöken einer verängstigten Schafherde über einen Toaster verstärkt.

Es klingelte erneut. Ich wuchtete mich aus dem Stuhl, schlurfte zur Gegensprechanlage und brummte:

»Ja?«

»Überraschung!«, rief eine Frauenstimme. Ich halte von Überraschungen so viel wie von Brechdurchfall.

»Wer ist da?«, knurrte ich.

»Nun mach halt die verdammte Tür auf«, rief eine andere Frauenstimme.

Ich schloss, dass es sich um Heidi P. und Susi handeln musste. Ich drückte auf den Summer.

Seit sich vor einigen Wochen abgezeichnet hatte, dass ich dieses Weihnachten nicht nach Deutschland reisen würde, um meine umfängliche und teils mehr, teils weniger durchgeknallte Sippe zu besuchen, betrieben Heidi P. und Susi Lobbyarbeit: Ich solle einen Weihnachtsbaum in meiner bescheidenen Bleibe aufstellen und an Heiligabend ein kleines Fest geben.

»Kommt nicht infrage«, sagte ich, »mir kommt kein Baum in die Bude, und an Heiligabend schaue ich Filme mit Knarren. Und zwar allein.« Für mich war die Sache damit erledigt.

Der Aufzug erreichte den 17. Stock. Als Erster entstieg ihm R., Heidis schottisch-philippinischer Freund, mit einem knapp zwei Meter hohen Baum. Es folgten Heidi und Susi, beladen mit Taschen, Kisten und Kartons.

»Baumschmückparty«, rief Susi. Heidi drückte mir einen Stapel Kisten in die Hand. R. grinste.

Ich sagte: »Ihr habt sie wohl nicht alle.«

Heidi sagte: »Das ist absolut richtig.«

Susi setzte einen fassgroßen Topf auf den Herd; sie hatte ein Bœuf bourguignon vorbereitet. Heidi sägte den Baum so zurecht, dass er in den mitgebrachten Ständer passte. Aus den Kisten holte sie Lichterketten, Kugeln, Sterne, Schleifen und Engel, mit denen wir den Baum behängten, über und über.

Am Ende wickelte Heidi eine rund drei Kilometer lange, silberne Lamettagirlande um das Ensemble.

»Licht aus, Baum an«, rief sie.

R. schaltete das Licht aus, ich schaltete den Baum an, und so standen wir, Heidi, Susi und R. und ich, im glitzernden Schein des kitschigsten Weihnachtsbaums, den ich je gesehen hatte.

»Ist das nicht ganz wunderbar?«, fragte Susi.

»Ja«, sagte ich wahrheitsgemäß, »das ist tatsächlich ganz wunderbar.«

EIN GANZ ALTES PFERD

War was im vergangenen Jahr? Im Grunde war nichts. Gut, Anfang des Jahres erholte ich mich von einem größeren Eingriff am Rücken und ging je zweimal die Woche zur Physiotherapie und zur Akupunktur, wo mir freundliche Frauen beschieden, ich müsse mein Leben ändern. Nach knapp drei Monaten konnte ich nicht nur wieder schmerzfrei gehen, ich war auch fit wie lange nicht mehr und hatte eine so verdächtig gesunde Gesichtsfarbe, dass Menschen mich auf der Straße anstarrten, als umgäbe mich ein Heiligenschein. Exakt als ich mit der Physiotherapie und der Akupunktur fertig war, fiel Covid über New York her.

Ich bunkerte mich in meiner bescheidenen Bleibe ein, bekam einen Schnupfen wie noch nie, meine Nase lief wie ein undichter Wasserhahn, und als ich zweimal hintereinander den Espresso im Percolator verbrennen ließ, wusste ich, dass ich meinen Geruchssinn verloren hatte. Das war damals unter den Covid-Symptomen noch ein bisschen ein Geheimtipp.

Mein Freund V., der Fremdenführer, hatte hingegen die klassischen Symptome, Fieber, Kopfschmerzen, Atembeschwerden, er war wochenlang schlapp, ich machte mir Sorgen. Ungefähr ein Viertel meiner Freunde hatte sich zu diesem Zeitpunkt infiziert. Auf dem Hudson River lief ein Krankenhausschiff von der Größe Kiels ein, mir wurde mulmig. Vor den Krankenhäusern an Land lagerten sie die Leichen in Kühllastern. Sechs Wochen später testete mein Arzt Dr. M. mich auf Antikörper. »Sie sind erst mal immun«, sagte er.

Dann bauten all die Restaurants sich Gebilde vor die Türen, die aussahen wie übergroße Carports, und New York, das in den schwülheißen Sommern sonst eine Stadt des Drinnens ist, in der die Menschen in auf minus zwei Grad runtergekühlten Büros und Bars sitzen, verwandelte sich in eine Stadt des Draußens. Dieser große Sommer wurde elegant beiseitegeschoben von einem größeren Herbst mit einem Licht so schön wie zu Anbeginn der Zeit, jeder Tag ein Fest, und dann kam der Winter mit kalter Pranke und einer neuen Welle Covid, und ein weiteres Viertel meiner Freunde infizierte sich, teils mehr, teils weniger schlimm.

Weihnachten nahte. Ich schreibe nie Weihnachtskarten, aber in diesem Jahr schrieb ich der Physiotherapeutin und der Akupunkteurin und dankte ihnen dafür, dass sie mich gerade rechtzeitig wieder hingekriegt hatten. An Heiligabend saßen fünf Freunde in meiner Wohnung, alle von Covid genesen, vier von ihnen aßen erstmals in ihrem Leben Fleischfondue, und später spielten V. und ich *Beatles*-Songs auf meinen beiden Gitarren (eine ächzende Raimundo und eine knarzige Morris). Und als dieses seltsame Jahr sich schließlich, um es mit Tucholsky zu sagen, langsam hinlegte wie ein ganz altes Pferd, dessen Zeit gekommen ist, setzte ich mich noch einmal an den Schreibtisch, ein letztes Mal, und schrieb die 100. Folge dieser Kolumne.

Aber sonst war nichts.

KALENDER

Das neue Jahr ist jetzt schon ein paar Tage alt, aber ich war während der ganzen Woche noch immer damit beschäftigt, das alte Jahr zu verarbeiten. Ich las in den Schreibblöcken, die überall in meinem Büro herumliegen. Aus Gründen, die sich auch mir nicht vollends erschließen, liegen hier immer fünf, sechs Blöcke, und ich schreibe mal in diesen, mal in jenen, und wenn ich in den Blöcken hin und wieder nach einer bestimmten Notiz suche, finde ich vieles, aber nicht diese Notiz.

Zudem las ich in meinem alten Kalender. Ja, ich führe einen Kalender auf Papier. Ich las den Januar nach, den Februar, als die Isländerin zuletzt hier war, von Barbados kommend auf dem Weg nach Rom, sie hatte 15 Stunden Aufenthalt am Flughafen JFK, und war deshalb kurz rüber nach Hell's Kitchen gefahren. Ich las den März nach. Dann schaute ich auf all die durchgestrichenen Termine, und schließlich blickten mich so viele weiße Seiten an, als hätten Teile dieses Jahres gar nicht stattgefunden.

Es gibt in meinem Kalender eine eigene Rubrik für Besucher, die bei mir übernachten. Die ist nötig, weil in normalen Jahren mehr als 60 Millionen Touristen nach New York kommen, von denen circa ein Drittel in meiner bescheidenen Bleibe nächtigt. Als ich die Einträge für April und für Mai durchging, las ich die Namen von Menschen, die ich seit viel zu langer Zeit nicht gesehen habe. Am 8. April wollte die

Isländerin kommen, mit diversen Kindern im Schlepptau. Ich erinnerte mich, dass ich für diesen Besuch eine halbe Tonne Bolognese vorgekocht und eingefroren hatte.

An Silvester war ich, dies nebenbei, bei Heidi P., und ihr schottisch-philippinischer Freund R., dessen Leben im Allgemeinen und dessen Trinkverhalten im Besonderen sie sonst überwacht wie eine Löwin das Rudel, hatte die Gelegenheit genutzt, sich so schwer einen anzubrennen, dass er seiner Muttersprachen verlustig ging. Heidi verstand, dass das am Ende dieses Jahres okay war.

Ich selbst hatte den Abend abstinent verbracht. Aus Gründen, die sich auch mir nicht vollends erschließen, wollte ich klaren Geistes in dieses neue Jahr schreiten. Am Neujahrstag klingelte mein Telefon, nicht das im Büro, das private. Ich hob relativ schnell ab, die Isländerin war dran, und wir sprachen drei Stunden lang über das Nordmeer, das Licht und über Kaffee.

Es war kein verlorenes Jahr, eh klar, denn das gibt es ja gar nicht. Aber als ich in dieser Woche fertig war mit dem Lesen der Blöcke und des Kalenders, nahm ich ebendiese Blöcke und ebenjenen Kalender, stieg in den Aufzug, fuhr runter ins Untergeschoss, wo die Mülltonnen stehen, und übergab das Ensemble der Altpapiertonne.

Dann stieg ich erneut in den Aufzug und fuhr rauf, nach ganz oben, in den 17. Stock, und, wie mir schien, noch ein bisschen darüber hinaus.

DÄCHER

Auf einem der Flachdächer gegenüber dem ehemaligen Schwesternwohnheim, in dem ich eine bescheidene Bleibe gefunden habe, dreht derzeit ein Mann jeden Abend seine Runden, knapp eine Stunde lang. Ich habe ihn erstmals vor zwei Wochen entdeckt, als ich auf meinen mit Gerüsten und Schwergerät vollgestellten Balkon trat, um der Sonne dabei zuzusehen, wie sie im Hudson versinkt.

Ich wohne ganz oben im 17. Stock, das Gros der Häuser in Hell's Kitchen hat hingegen lediglich fünf bis sechs Etagen. Daher habe ich gut im Blick, was meine Nachbarn auf den Dächern treiben. Wenn ich nach Norden schaue, sehe ich das Time Warner Building, am südwestlichen Eingang des Central Parks gelegen. Wenn ich nach unten schaue, was mir stets leichten Schwindel verursacht, blicke ich auf ein Meer aus Flachdächern, auf denen Menschen Dinge tun.

Während der ersten Corona-Phase schaute ich den Nachbarn dabei zu, wie sie flächendeckend Yogamatten auf den Dächern ausbreiteten. Irgendwann machte mich das so nervös, dass ich mir selbst eine Yogamatte besorgte, darauf allerdings bloß lesend herumlag. Ich las nichts Weltbewegendes, meistens entweder das vom Wochenende liegen gebliebene Magazin der *New York Times* oder tatsächlich mal den *New Yorker*, der hier jede Woche reinflattert und dann in den Stapel des schlechten Gewissens wandert, weil ich wieder nur die Cartoons angeschaut habe.

Während der zweiten Corona-Phase waren die Yogamatten durch Grills aller Art ersetzt worden. Diesmal musste ich nicht nervös nachziehen, ich hatte bereits im früheren Sommer abends oft verbotenerweise einen Holzkohlegrill rausgeschmuggelt und Steaks und Burger aufgelegt. Meiner vormals astralischen Fußballerfigur (dicke Waden, flacher Bauch) tat das nicht unbedingt gut, aber dafür meinem Gemüt.

In der sich gerade vollziehenden dritten Corona-Phase sind sowohl die Yogamatten als auch die Grills verschwunden. Die Dächer sind leer, bis auf den einsam laufenden Mann.

Er läuft immer die gleiche Runde, die vielleicht 30 Meter lang ist. Er läuft schnellsten Schrittes, unermüdlich. Anfangs habe ich mich gefragt, was das soll. Er könnte doch rüber zum Time Warner Building spazieren, am südwestlichen Eingang des Central Parks gelegen, und dann laufen und laufen. Aber er hat das Dach gewählt.

Abend für Abend geht das so. Ich trete auf den Balkon und schaue auf die Sonne und den Hudson. Der Mann läuft. Und dann, nach zwei Wochen des Zusehens, habe ich es endlich verstanden: Dieser Mann, der da auf einem der flachen Dächer in Hell's Kitchen immer und immer im Kreis läuft, er wird irgendwann: ankommen. Ich hoffe inständig, dass ich diesen Moment nicht verpasse.

JACK

Ganz am Ende seiner vier Jahre im Weißen Haus hat Donald Trump es doch noch geschafft, zumindest indirekt in mein Privatleben einzugreifen. Mein Berufsleben bestimmte er ohnehin, ich habe die meisten seiner Tweets gelesen, und obwohl ich immer und jedes Mal den Ton abstellen wollte, wenn ich seine Stimme im Radio oder im Fernsehen hörte, bin ich trotzdem stets drangeblieben, weil das Teil meines Jobs war. Mein Privatleben aber betraf das allenfalls am Rande.

Der Freundschaft zu Jack hatte Trump bis eben nichts anhaben können, obwohl Jack überzeugter Republikaner ist. Wir hatten uns vor einigen Jahren in einer Flughafenbar kennengelernt. Beide Flüge verspätet, natürlich, wir kamen ins Gespräch. Am Ende des Gesprächs sagte Jack, ich müsse unbedingt bald bei seiner Familie in Connecticut vorbeischauen, und wie viele Amerikaner, die so etwas sagen, meinte er es ernst.

Ich schaute also ein paar Wochen später in Connecticut vorbei, ich traf seine schwedische Frau und seine beiden superschlauen und übrigens politisch sehr linken Töchter, für die ich Blumen mitgebracht hatte – drei große Sträuße, am Grand Central Terminal zum Preis eines Einfamilienhauses erworben. Es gab Roastbeef, und Jack holte einen Rotwein aus dem Keller, der bis heute der beste ist, den ich jemals trank.

Wir blieben in Kontakt, mindestens einmal im Monat telefonierten wir. Wenn Jack mit der Familie in New York war, trafen wir uns. Ich suchte das Lokal aus und zahlte das Essen, Jack zahlte den Wein, da ist er eigen. Meistens sprachen wir nicht über Politik, aber wenn wir es taten, dann immer mit Gewinn.

Jack hat Trump 2016 gewählt, und er hat auch 2020 für ihn gestimmt. Nun log Trump nach den Wahlen im November beständig über deren Ausgang. Wenn ich Jack fragte, was er davon halte, wich er aus. Nur so viel, sagte er: Der Betrug sei offensichtlich. Mir wurde mulmig. Trumps Anhänger stürmten das Kapitol. Ich rief Jack an. Er erklärte, dass das nicht Trumps Schuld sei. Außerdem hätten die Leute recht. Sie seien bestohlen worden.

Ich versuchte dennoch, mit ihm im Gespräch zu bleiben. Auf unsere Telefonate bereitete ich mich nun vor, um den Verschwörungstheorien entgegenzuwirken. Wir sprachen und sprachen, aber ich erreichte ihn nicht mehr. Jack sagte, ich sei Teil des tiefen Staates geworden, der Trump um jeden Preis loswerden wolle.

»Jack«, sagte ich, »du weißt, dass das Blödsinn ist.«

»Christian«, sagte er, »du wirst gesteuert. Du leugnest die Wahrheit. Ich will nichts mehr mit dir zu tun haben.«

Ich dankte ihm für seine Freundschaft. Er dankte mir für meine Freundschaft. Dann legten wir auf, im Wissen, dass wir vermutlich nie wieder miteinander sprechen werden.

SIMON & GEORGE

In Rafik's Barber Shop schnitt mir früher Robert die Haare, mein zitternder Stammfriseur. Er ist verschwunden, ich vermisse ihn. Ich weiß nicht, wie oft er mir erzählt hat, dass er im November 1978 die Band *Foreigner* im Madison Square Garden gesehen hat. An Thanksgiving.

»Weißt du, was sie als Erstes gespielt haben?«, fragte er jedes Mal. Obwohl ich es ab dem zweiten Mal wusste, sagte ich stets: »Keine Ahnung.« Er sagte dann feierlich: »Cold as Ice«, worauf ich ebenso feierlich erwiderte: »Das tut mir leid.«

Als ich vor ein paar Wochen in Rafik's Barber Shop war, schnitt mir Juri, bis dahin der Zweitfriseur, die Haare. Robert sei weg, beschied er, auf Nimmerwiedersehen. In dieser Woche ging ich wieder in den Laden, weil Juri zwar ein Knurrsack ist, dafür aber ein exzellenter Friseur. Er ist so gut, dass die Leute ihren Blick nicht von meiner Frisur wenden können und daher übersehen, dass ich noch immer mit einer leichten Corona-Wampe durch Hell's Kitchen spaziere.

»Hi, Juri«, sagte ich.

»Mein Name ist Simon«, sagte er. Ich sah ihn an.

»Juri«, sagte ich, »die letzten drei Jahre war dein Name Juri.«

»Die letzten 44 Jahre, um genau zu sein«, sagte er, »aber jetzt heiße ich Simon.« Er zeigte auf den neuen Zweitfriseur. »Und das ist George«, sagte er.

Ich kannte »George«. Er war früher der Drittfriseur und hatte einen Namen, der zwar durchaus mit G. anfing, aber aus ungefähr so vielen Silben bestand, wie ein Kamm Zähne hat.

»Ihr verarscht mich«, sagte ich, »oder ist das ein Spiel?« Die beiden schauten mich mit ernsten Blicken an.

»Okay, okay«, sagte ich, »ihr habt eure Namen geändert.« George und Simon nickten.

»Warum?«, fragte ich.

»Zwei Gründe«, sagte Simon: »Wir sind jetzt Amerikaner und außerdem die Bosse hier im Laden.«

Er erzählte mir, dass sie beide kürzlich amerikanische Staatsbürger geworden seien und dass sie, nachdem Robert gegangen war, beschlossen hätten, den Laden zu übernehmen.

»Simon & George«, sagte ich, »woran erinnert mich das?« Simon & George schauten mich verständnislos an.

Ich sagte: »Falls ihr mal 'ne Band gründen wollt, in der einer Gitarre spielt und etwas knödelig singt und der andere die Stimme eines Engels hat, hätte ich da schon einen ganz guten Namen für euch.«

Simon & George schauten mich an, als hätte ich einen kompletten Dachschaden.

»Und vielleicht tretet ihr unter diesem Namen eines Tages an Thanksgiving im Madison Square Garden auf«, sagte ich.

Jetzt grinste Simon. Er nahm die Schere aus seinem Halfter, das er wie einen Pistolengürtel trägt, er begann zu schneiden und sagte: »Wenn schon, dann im Central Park.«

SCHNEE

Anfang der Woche zog ein Schneesturm durch New York. Im Fernsehen hatten sie gewarnt, im Radio hatten sie gewarnt, hin und wieder erklangen auf allen in der Stadt registrierten Mobiltelefonen Warnsignale. Bürgermeister Bill de Blasio appellierte, keinesfalls das Haus zu verlassen, Gouverneur Andrew Cuomo sprach von einer »lebensbedrohlichen Situation«.

Am Sonntagabend setzte der Schneefall ein. Es schneite den ganzen Montag. Hell's Kitchen lag unter einer weißen Decke, es war ein so friedlicher und freundlicher Anblick, dass es fahrlässig gewesen wäre, *nicht* nach draußen zu gehen. Ich blickte auf die Türme der Stadt, zwischen denen das Weiß nach oben wuchs, und ich dachte an Robert Frosts Gedicht »Innehaltend inmitten der Wälder an einem Schnee-Abend«.

Meine dickste Winterjacke paarte ich mit meinen hässlichen Winterstiefeln, die zwar wirklich hässlich sind, aber bei Weitem nicht so hässlich wie meine Turnschuhe von New Balance, die ich gekauft habe, weil Art Garfunkel sie mir empfohlen hat.

Apropos schamloses Namedropping: Vor Äonen führte ich ein Interview mit dem Regisseur Danny Boyle. Wobei, eigentlich müsste dieser Satz lauten: Vor Äonen führte ich ein Selbstgespräch mit dem Regisseur Danny Boyle. Er hatte gerade einen neuen Film abgedreht, ich hatte eine halbe

Stunde allein mit ihm. Wir tranken Tee in einem Londoner Hotel, und ich fragte ihn, ob er Don Siegels Film »Telefon« von 1977 kenne. Boyle verneinte.

Ich dozierte, dass eine der Grundideen seines neuen Films exakt so schon in Siegels Film vorkam. Boyle sah mich ebenso fragend wie uninteressiert an. Daraufhin erzählte ich ihm die komplette Handlung des Films, zu der wesentlich gehört, dass in den USA lebende russische Schläfer mittels eines Telefonanrufs aktiviert werden. Der Anrufer zitiert die letzte Strophe des erwähnten Gedichts von Frost, und die Schläfer werden zu Killern.

An diesem Punkt hatte Boyles Desinteresse das Maximum erreicht, was mich nicht davon abhielt, diese letzte Strophe zu zitieren. In der Übersetzung von Paul Celan lautet sie so:

»Anheimelnd, dunkel, tief die Wälder, die ich traf. / Doch noch nicht eingelöst, was ich versprach. / Und Meilen, Meilen noch vorm Schlaf. / Und Meilen Wegs noch bis zum Schlaf.«

Boyle blickte auf seine Uhr. »Oh«, sagte er erfreut, »die Zeit ist leider schon rum.«

Montagabend also, New York City, ich trat auf die verschneite Straße. Ich dachte an Garfunkel, Frost, an Boyle und an Celan, und, nun ja, es fröstelte mich bei dem Gedanken, dass ich erstens, so ein miserabler Interviewer sein kann, und zweitens, bei Weitem noch nicht eingelöst ist, was ich versprach.

Dann stapfte ich los, hoffend, wissend, dass Meilen Wegs zu gehen sind noch bis zum Schlaf.

ZWEITES FRÜHSTÜCK

Bei meinem New Yorker Lieblingsradiosender WNYC hatten sie sich in dieser Woche überlegt, ihr Publikum einen Vormittag lang mit einer Sendung über chronische Krankheiten zu behelligen. Eigentlich bin ich sehr gut darin, das Radio laufen zu lassen und es nur wahrzunehmen, wenn mich etwas interessiert. Chronische Krankheiten mir unbekannter Leute zählten bisher nicht dazu. Aus irgendeinem Grund konnte ich trotzdem nicht weghören.

Zugeschaltet war eine Frau, die detailliert davon erzählte, dass ihr immer wieder und oft in unpassenden Momenten die Kontrolle über ihren Enddarm abhandenkomme, was zu unschönen Ergebnissen führe.

Falls die Hörerinnen und Hörer es nicht richtig verstanden hätten, sagte sie, zu *sehr* unschönen Ergebnissen.

Sie habe ein Buch darüber geschrieben, und da sie der Ansicht sei, dass möglichst viele Menschen über diese unschönen Ergebnisse Bescheid wissen sollten, habe sie sich dazu entschlossen, auch im Radio in aller Deutlichkeit darüber zu sprechen und nichts zu beschönigen. Im Detail sei es nämlich so, dass ...

Ich drehte den Ton ab und beschloss, an diesem Vormittag von meinem zweiten Frühstück abzusehen, das ich sonst gegen halb elf zubereite. Das erste Frühstück, das aus zwei Knäckebroten mit Frischkäse sowie einem zu großen Becher Espresso bestanden hatte, rumorte in meinem Magen. »Habt ihr nicht mehr alle Perlen auf der Kette?«, fragte ich das Radio. Das Radio schwieg.

Eine Stunde später drehte ich den Ton wieder an. Die Frau war immer noch zugeschaltet. Sie beantwortete jetzt Hörerfragen. Bevor die Hörer Fragen stellten, erzählten sie erst einmal von ihren eigenen chronischen Krankheiten. Von angeborenen Leberschäden, die zur Dialyse und zu Amputationen von Gliedmaßen führten. Von immer wiederkehrenden Killer-Kopfschmerzen, gegen die keine Behandlung hilft. Von Gewebeschwächen, die Gewitter von Bandscheibenvorfällen zur Folge haben. Von Nerven, die ohne erkennbaren Grund extreme Schmerzbotschaften ans Hirn senden.

Mein erster Impuls war, den Ton gleich wieder abzudrehen. Ich hatte die Hand schon am Radio, aber ich hielt inne. Ich hörte zu. Ich lauschte den Geschichten, eine schlimmer als die andere. Ich fühlte mit der Frau, die mit einem Loch im Herzen geboren wurde. Ich zitterte innerlich mit dem Mann meines Alters, dessen Hände so stark zittern, dass er kaum alleine essen oder trinken kann.

Ich ahnte, ohne dass ich das genauer erklären könnte, dass es wichtig war, all diesen Menschen jetzt zuzuhören, und ich dachte, in Demut, was für ein unverschämtes Glück es ist, in Hell's Kitchen und gesund zu sein.

Zweites Frühstück also. Ich schlug drei Eier in die Pfanne und schnitt den Speck in Scheiben.

EIS

Auf meinem Balkon hat sich eine feste Eisschicht gebildet. Man könnte darauf Schlittschuh laufen, wenn man denn Schlittschuh laufen könnte. Ich kann es nicht. Ich kann auch nicht Rollschuh laufen oder skateboarden oder Ski fahren. Ich kann überhaupt nichts fahren, das keine Bremse hat. Ich bedauere das. Von all den Dingen, die ich nicht kann, könnte ich am liebsten Klavier spielen und Sachen fahren, die keine Bremse haben.

Dass sich die Eisschicht gebildet hat, liegt, abgesehen davon, dass es in New York gerade recht kalt ist, daran, dass auf dem Balkon fast permanent Wasser steht. Die Leute, die im vergangenen Jahr angefangen hatten, den Balkon zu renovieren, haben die Arbeiten längst eingestellt, und heute habe ich den Verdacht, das könnte auch daran liegen, dass ihnen aufgefallen war, dass sie es fundamental verbockt hatten. Ich bin kein Ingenieur, aber ich weiß, dass es ungünstig ist, wenn die Abflüsse die höchsten Punkte einer Fläche sind, auf der sich Wasser sammelt.

Irgendjemand müsste einen komplett neuen, austarierten Boden auf dem Balkon verlegen. Das geht aber nicht, weil auf dem Balkon hier und da Gerüste stehen, an denen die Körbe hängen, in denen Arbeiter am Haus rauf- und runterfahren, um die anderen Balkone und die Fassade zu renovieren. Wenn alles nach Plan laufe, hieß es zuletzt, könnten diese Arbeiten im Herbst abgeschlossen sein. Vielleicht, und nur vielleicht, wäre dann noch Zeit, meinen Balkon und den der Nachbarn vor Einbruch des Winters wieder benutzbar zu machen.

Natürlich erinnert mich die Balkonsache an die Pandemie. Erst denkt man, das ist relativ schnell erledigt. Dann merkt man, dass es etwas länger dauert. Zwischendurch die Hoffnung, dass doch bald alles wieder okay ist. Schließlich die Erkenntnis, dass, wenn alles nach Plan läuft, die Reparaturen an Balkon und Leben frühestens im Herbst zumindest größtenteils abgeschlossen sein könnten. Vielleicht.

Wer schon länger durch die Weltläufe wandert, hat gelernt, erstens, dass alles eitel ist und Haschen nach dem Wind, zweitens, dass nicht oft, aber manchmal, und dann immer zur Unzeit, eine kalte Faust das Herz umschließt, und vor allem, drittens, dass absolut nie alles nach Plan läuft. Ich bin deshalb in Bezug auf die beiden großen Themen der Zeitgeschichte, Pandemie und Balkon, skeptisch.

Was mich genau gepackt hat, weiß ich nicht. Ich zog meine New-Balance-Turnschuhe an und ging aufs Eis. Ich machte einige Schlittschuhlaufbewegungen, zwei Meter, drei Meter, bis zum ersten Gerüst. Dann in die andere Richtung, drei Meter, bis zum nächsten Gerüst. Als ich zur dritten Bahn ansetzte, legte ich mich auf die Fresse.

Während ich auf dem Eis lag und mein Körper signalisierte, dass ich einerseits ein Idiot, aber andererseits unversehrt sei, materialisierte sich in meinem Kopf ein Gedanke: Wenn die Pandemie vorbei ist, werde ich versuchen, eine Weile ohne Bremse zu leben.

ADRESSEN

Kürzlich habe ich ausgerechnet, dass ich in meinem Leben 21-mal umgezogen bin. An jedem einzelnen Ort hätte ich länger bleiben können, sie waren alle vollkommen okay, aber irgendwann kam immer der Tag, an dem ich meinen Kram packte und weiterzog. Sehr gern habe ich, dies nebenbei, im Londoner Stadtteil Belsize Park gewohnt, wo ich eine Weile ein zugiges Schmuckstück mietete (22 Belsize Avenue, Flat 6, London NW3 4AU, United Kingdom), auf dessen Schlafzimmerfenster sich ein unentfernbarer Vogelscheißfleck befand. Bis heute bilde ich mir ein, es war Adlerscheiße.

Mein 21. Umzug führte mich nach Hell's Kitchen, und es ist vielleicht ungerecht all den anderen Orten gegenüber, an denen ich aufgewachsen bin, an denen ich mich erstmals verliebte, an denen ich meinen ersten Arbeitsvertrag unterschrieb und dachte, dass mein Leben damit vorbei sei, an denen ich heiratete, an denen man mir eine Plakette mit meinem Namen an die Bar schraubte, weil das Etablissement im Wesentlichen davon lebte, dass ich die Erträge des erwähnten Arbeitsvertrags ebendort in Steaks und Wein investierte, an denen ich einen Krieg gegen Ameisen führte und gewann, an denen ich in einen festen grauen Himmel blickte und einen Kloben hineinschlagen wollte, an denen ich ein Schiff bestieg, um den Ozean zu queren – ja, es ist wohl ungerecht, das zu sagen, aber nirgends wohnte ich so gern, wie ich in Hell's Kitchen wohne.

Das liegt nicht nur daran, dass ich hier eine bescheidene Bleibe in einem ehemaligen Schwesternwohnheim gefunden habe, in der mein schwarzes Bürotelefon bisweilen klingelt und mein Freund V., der Fremdenführer, dran ist und Ausflüge befiehlt. Es liegt auch daran, dass der grizzlyhafte Tracy Westmoreland bei mir im Haus wohnt, der mir zum Abschied jedes Mal »Hals- und Beinbruch« wünscht. Als er erfuhr, dass es diese Kolumne gibt, drohte er, dass er mir tatsächlich die Beine brechen werde, falls ich jemals verrate, wo eine gewisse Bar, in der er als Türsteher arbeitet, genau liegt. Oder dass hier Menschen leben wie Robert, mein zitternder früherer Stammfriseur, den ich neulich auf der Straße traf. Er habe sich zur Ruhe gesetzt, sagte er. Er zitterte nicht mehr.

Der Himmel über Hell's Kitchen ist manchmal von einem Blau wie vom Anbeginn der Zeit, und an ausgesucht wenigen Tagen im Frühling und im Sommer geht die Sonne exakt in einer Linie mit den Straßen unter, was einen fast an die Existenz einer höheren Gewalt glauben lässt.

Sollten Sie, verehrte Leserin, geschätzter Leser, demnächst ein Schiff oder ein Flugzeug besteigen und in Hell's Kitchen vorbeischauen – wer weiß, vielleicht bin ich noch hier, dann sehen wir uns. Vielleicht aber werde ich zum 22. Mal umgezogen sein. Mal sehen.

Sollten wir uns wider Erwarten nicht über den Weg laufen, hier noch schnell dies: Essen? Gehen Sie zu Pure Thai, die hausgemachten Nudeln sind der Wahnsinn. Trinken? Nun, es gibt da diese exzellente Schrottbar namens Rudy's. Die genaue Adresse lautet 627 9th Avenue, New York, NY 10 036, USA.

Hals- und Beinbruch.

DANK

Es ist eine eher persönliche Vorliebe, aber ich lese Danksagungen in Büchern wirklich gern, obwohl die für die meisten Menschen vermutlich stinkfad sind. Ich lese auch immer den kompletten Abspann in Filmen und freue mich darüber, wenn neben den Strommenschen und den Taxifahrerinnen zum Beispiel eine Catering-Firma wie »Hottest Hot Dogs« erwähnt wird. Sei's drum. Dies ist ein Buch, kein Film. Also kurz.

Christian Mayer und Katharina Riehl von der *Süddeutschen Zeitung* haben mich lange und solide bearbeitet, bis ich schließlich sagte, okay, ich schreibe wider besseres Wissen jede Woche eine Kolumne aus New York. Die beiden haben das Projekt anschließend mit einer Disziplin und Hingabe betreut, die ihresgleichen sucht. Ihr seid die Besten.

Thomas Hölzl, mein Agent, ohne den es dieses Buch nicht gäbe.

Daniel Oertel, mein Lektor, und das Team vom Ullstein Verlag. Ihr seid grandios.

In tiefer Dankbarkeit: Kristín Gunnarsdóttir von Kistowski, Simone Buchholz, Susan Korda, Steffen Brück, Tessa Szyszkowitz, Alexander Menden, Axel Hacke, Philipp Oehmke, Eduard Augustin, Philipp von Keisenberg, Volker Hanke, Christoph Magura, Gunther Karlbauer, Jens-Ole Gerecke, Heidi Peterson, Ron Kelman, Andreas Bernard, Alex Pepperman, Jürgen Frank, Jürgen Schmieder, Sonja Stoerr und Katharina Ziegler.